KB169695

글 쓰 기 가
필요하지 않은
인생은 없다

글 쓰 기 가
필요하지 않은
인 생 은 없 다

김애리 지음

카시오페아
Cassiopeia

삶을 바꾸는 글쓰기

'절대'라는 말을 썩 좋아하진 않지만 내가 절대적으로 믿는 것들이 몇 가지 있다. 그 가운데 하나가 바로 글쓰기야말로 삶을 바꿔줄 확실한 도구라는 사실이다. 믿음의 근원은 어디서 보고 들은 '카더라 통신'이 아니다. 이것은 10년 이상의 시간을 통해 내가 체험한 개인적 변화에 근거한다. 온몸을 푹 담그고 직접 겪어서 체득하지 않은 외침은 얼마나 공허한가? 따라서 이 책은 오로지 내가 경험하고 깨달은 것들로만 가득 채우려 한다. 작고 느린 걸음이었지만 결국 극적인 변화를 이끈 다양한 글쓰기를 모두 공개하려 한다.

올해는 내가 작정하고 글을 쓴 지 꼬박 십 년째 되는 해다. 십 년이라…… 흔한 말로 강산이 한 번 바뀔 시간을 나는 치열하게 읽고 쓰며 지내왔다.

십 년이란 구체적으로 얼마의 시간일까? 전문가가 되기 위한 최소한의 시간이 1만 시간이라던데 십 년이란 장작 3,650일의 시간. 하루는 24시간, 일 년은 8,760시간이니까, 십 년은 자그마치 87,600시간이다. 물론 그 모든 시간을 오롯이 글만 쓰며 지낸 것은 아니지만 글쓰기를 생각하고, 계획하고, 실천한 합을 내자면 87,600시간의 8할쯤은 되지 않을까 싶다.

그렇다. 지난 십 년간 나는 참으로 다양한 종류의 글을 써왔다. 해마다 한 권씩 책을 출간한 것도 모자라, 일주일에 한 편 이상 꼬박꼬박 칼럼도 연재했다. 북 칼럼, 문화칼럼, 라이프스타일칼럼 등을 연재했고, 독서에세이, 자기계발서, 인문서, 문화에세이까지 다양한 장르의 책을 냈다. 어설프지만 단편 소설을 두 편 써서 등단이란 것도 해봤다. 블로그도 꾸준히 운영하고 있으며, 다양한 SNS에 가끔 일상을 업데이트한다.

한 글자씩 손으로 꾹꾹 눌러 쓴 독서록과 20대 내내 단 하루도 빠짐없이 써온 일기장은 커다란 사과 상자 하나에 가득 담긴다. 매일의 스케줄과 해야 할 일 목록을 적는 노트가 따로 있고, 하루의 마지막을 정리하며 쓰는 '감사일기'도 있다. 꿈과 가능성의 것들을 향유하는 공간, 문득 떠오르는 아이디어를 수집하는 공간도 마련해두고 있다. 시와 소설을 여러 편 필사했고, 현재는 3년 넘게 성경을 필사 중이다. 최근에는 '텍스트테라피'와 관련한 1인 기업을 설립해 치유가 필요한 이들에게 본격적으로 쓰기 코칭을 진행하고 있다. 정말 지독하게 써내려갔다는 말밖에 다른 표현이 무색하다.

그렇게 부지런히 글을 쓰는 사이 내가 이루고 꿈꿀 수 있는 것들의 영역을 넓혀서, 하나둘 현실로 탈바꿈시켰다. 무엇보다도 열병처럼 나를 휩쓸었던 오랜 우울과 절망, 불안의 그림자가 씻겨 내려갔다. 쓰기야말로 가장 강력한 치유의 열쇠인 셈이다. 쓰기가 가진 치유의 힘을 실감하면서 쓰기는 내게 휴식이자 놀이, 공부, 치료, 아니 생존 그 자체가 되었다.

글쓰기는 내 인생을 송두리째 바꾸어 놓았다. 우울증을 치료했고, 앞으로 나아갈 힘을 내게 주었다. 작가라는 어릴 적 꿈을 이루게 했고, 생각지도 못한 행운과 기회들을 가져다주었다. 나는 글이라는, 누구나 할 수 있는 너무나 평범한 도구로 인해 누구보다 행복하고 자신감 넘치며 풍요로운 인생을 일굴 수 있게 되었다.

'지금 당장' 써내려가라

'읽기'와 달리 '쓰기'는 온몸으로 하는 행위, 절대로 속일 수가 없는 작업이다. 정신을 딴 데 두고 읽는 것은 가능하지만 정신줄을 놓고 쓴다는 것은 불가능하다. 우직이 정직하게, 깜냥껏 폼 잡지 말고, 한 글자 한 글자 백지를 채워가는 수밖에는 다른 어떠한 방법도 없다. 그것이 글쓰기의 핵심이자 전부다. 쓰기의 제1원칙은 그러니까 '뼛속까지 정직하게'인 셈이다. 그 하나의 사실만으로도 쓰기는 그 어떤 심리치료보다 강한 안식과 치유, 변화를 선물한다.

시중에는 이미 글쓰기 관련 책들이 많다. 그러나 대부분의 책이 쓰기와 관련된 실천요령들, 즉 How to에 머문다. 직장인을 위한 책 쓰기, 보고서 잘 쓰는 법, 맞춤법과 문장력 강화 등 어떻게 글을 잘 쓸 수 있을까를 일러주는 참고서들이다. 그보다 나는 쓰기가 가진 가장 강력한 기능 - 치유와 성장과 행복 - 에 초점을 맞추고자 했다. 지난 10년간 쓰기를 통해 치유 받고, 성장하고, 넉넉히 행복해진 체험담을 나누며 '지금 당장' 그리고 '지금 그 자리'에서 당신이 글쓰기를 시작해야 하는 이유들을 이야기할 것이다. 또 쓰기에 두려움을 가지고 무엇을 어떻게 시작해야 할지 막막한 독자들을 위해 삶을 바꾸는 다양한 쓰기 방법들을 제시할 것이다. 앞서 언급했듯 모두 내가 직접 경험한 것들이고 가장 큰 효과를 누린 것들이다.

지난 10년간 진솔하고 성실하게 글을 쓰며 조금 먼저 배운 것들을 이 자리에서 공유할 수 있어 감사하다. 생각만으로도 설레고 즐거운 글쓰기라는 작업을 독자들에게 상세히 소개하고 변화를 이끌어낼 기회를 가질 수 있어서 행복하다. 원하는 방향으로 인생이 바뀔 것이라는 믿음과 확신을 가지고 이 책이 가리키는 이정표대로 천천히 따라오길 바란다. 틀림없이 선명한 길이 보일 것이다.

"쓰기의 기적을 믿으세요!"

김 애 리

프롤로그 삶을 바꾸는 글쓰기 • 6

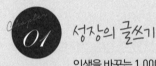

성장의 글쓰기 ────────────

인생을 바꾸는 1,000일간의 쓰기 여행 • 14 | 매일의 전진을 도와주는 '성장일기' • 22 | 하루를 바꾸는 모닝 라이팅 • 28 | 더 깊이 사랑하고 더 잘 헤어지기 위한 애도의 글쓰기 • 35 | 혼자 있는 시간이 당신의 미래를 바꾼다 • 42 | 어디까지 해봤어? 질문목록 • 47 | 내가 글을 쓰는 이유 • 51 | 4주 완성 셀프헬프 글쓰기 프로그램 –자아탐색 편 • 56

치유의 글쓰기 ────────────

글쓰기, 세상에서 가장 강력한 치유의 도구 • 62 | 나에게 슬픔/고통을 주는 100가지목록 작성하기 • 69 | 손으로 하는 명상, 필사 • 71 | 필사하기 좋은 책 서른 권 • 78 | 인생에 한순간 위로가 필요할 때 • 82 | 이천 원짜리 치료사 • 89 | 감사일기로 배우는 감동하는 기술 • 93 | 감사일기 시작하기 - 인생에 지지 않기 위해 • 101 | 나의 자존감 회복 다이어리 • 104 | 4주 완성 셀프헬프 글쓰기 프로그램 –행복설계편 • 110

실천의 글쓰기

하루 15분, 진짜 나를 만나는 시간 • 116 | 피가 되고 살이 되는 SNS 운영 후기 • 123 | 성공하는 **SNS 운영팁** • 128 | 읽은 만큼 써진다 • 131 | 쓰기를 위한 읽기- 글쓰기에 힘을 실어주는 책들 • 137 | 여행지에서 쓰는 글 • 141 | 교환 노트, 함께 글 쓰는 시간 • 146 | **노트 한 권으로 일구는 행복 공동체- 교환 노트 활용법** • 153 | 내 책쓰기를 위한 52주 • 156 | **내 책쓰기를 시작하기 전 준비 운동** • 164

버티는 글쓰기

계속 글을 쓰게 하는 힘은 무엇인가? • 170 | 좋은 글쓰기의 3요소 - 뻔뻔하게, 자유롭게, 솔직하게 • 177 | 냅킨에라도 끄적거려라! • 182 | 포착하는 삶을 위한 **10가지 메모의 기술** • 188 | 쓰기는 버티기다 • 192 | 모든 글쓰기에는 자기만의 속도가 있다 • 197

평범한 사람들의 특별한 글쓰기

일흔에 번역가가 된다는 것 • 204 | 글쓰기로 삶을 구원한 이들 • 209 | 언제나 목표는 창의적인 사람 • 216 | 기왕이면 재미있고, 다양하게 • 223 | 쓰는 대로 이루어진다 • 229 | **비우고 채우는 8가지 마음의 기술** • 237

에필로그 글쓰기가 필요하지 않은 인생은 없다 • 243

Chapter

01

성장의 글쓰기

인생을 바꾸는 1,000일간의 쓰기 여행

나는 '3년의 힘'을 맹신한다. 무슨 말인가 하면, 어떤 일이든 3년 정도 뜨겁게 노력하면 해당 분야에서 빛을 볼 수 있다는, 지극히 단순하지만 누구도 쉽게 매듭짓지 못하는 이른바 '3년 법칙'이다.

3년쯤 원하는 영역에 간절함을 더하면 반드시 성과가 따라온다. 아무리 사소한 것일지라도 어떠한 결론을 얻게 된다. 한 줄 깨달음과 한 움큼 지혜를 갖게 된다.

3년, 날짜로는 대략 1,000일이라 계산하여 일명 '1,000일간의 꿈 마스터 프로젝트' 혹은 '1,000일의 기적'이라 이름 붙일 수 있다. 지금부터 1,000일간의 쓰기를 통해 어떻게 원하는 꿈을 이루고 자아를 완성해갈 수 있는지 살펴보자.

인생을 바꾸는 1,000일

먼저 1,000일이라는 시간에 관해 이야기해보자. 왜 하필 1,000일(대략 3년이라 칭하겠다)일까? 그것은 1,000일이야말로 도약을 위한 디딤돌의 시간이기 때문이다.

내 중국어 실력은 첫 3년간의 피나는 노력으로 이룬 것이다. 딱 3년쯤 죽기 살기로 열심히 중국어만 팠는데, 그 실력으로 강의하고, 번역하고 통역도 했다. 중국어 에디터로 삼성전자에서 2년간 일도 하고, 통번역 회사를 세워 들어오는 중국어 일감은 내 손에서 처리했으니, 이만하면 3년간 한 우물 파서 제대로 우려먹은 셈이다.

강연은 또 어떤가. 어리바리의 극치였던 첫 강연을 시작으로 한 3년에서 4년쯤 50건 이상의 대중강연을 진행하고 나니 '말하기'에 자신감이 붙었고, 결국 공중파 라디오까지 진행하는 행운을 얻었다.

영화와 다큐멘터리도 3년쯤 미친 듯이 1,000여 편 가까이 보던 시기가 있었다. 20대 중반 무렵. 회원 수가 몇 명 되지도 않는 인터넷 카페에 가입하여 각종 정보를 나누고 희귀영화까지 구해다 보는 지극정성을 쏟았고, 결국「1990년대 대만 뉴웨이브 영화 속 가족해체」라는 주제로 대학원에서 석사 논문을 받으며 결실을 맺었다.

현재는 3년 넘게 성경 읽고 필사를 하고 있다. 신앙적으로 좀 더 성숙하길 바라는 마음도 마음이지만, 필사 자체가 마음의 고요함과 평온함을 주기 때문이다. 또한, 향후 3년에서 5년을 계획으로 남편과 둘이 외국에서 맨땅에 헤딩하며 사업도 한다. 이제 갓 백일을 넘긴 딸아이도 3년간 군대 갔다 생각하고(거의 매일이 혹한기훈련 수준일까?) 속된 말로 빡세게 육아에 몰입하면, 뭐 한 줄 철학이 탄생하지 않을까 하는 마음이다.

글쓰기도 마찬가지! 한 3년쯤 도서관에 파묻혀 은둔형 외톨이처럼 지낸 시간이 있었다. 20대 초반 무렵이었다. 사람 만나는 것보다 책 만나는 일에 더 큰 희열과 만족을 느꼈고, 좋아하는 일은 질릴 때까지 몰입해야 직성이 풀리는 성격이라 원 없이 책을 파며 글을 썼다. 그 결과 25살부터 내 이름으로 된 책을 해마다 줄줄이 출간하고, 북 칼럼니스트로 여러 매체에 글을 연재하며 살고 있으니, 남편 말처럼 뭐든 나처럼 제대로 '뽕 뽑는' 사람도 없는 것 같다.

3년, 성과를 얻는 최소한의 시간

돌아보면 '3년의 법칙'은 놀라우리만치 딱딱 들어맞아 효력을 발휘한다. 내 지난 시간이 고스란히 그것을 증명하고 있다. '성과'라 할 만한 결과물을 얻기 시작하는 시기는 대략 3년의 시간이 지난 뒤였기 때문이다. 물론 대강, 대충 3년은 하나 마나다. 몰입하는 최고, 최선의 3년이어야 가능하다.

친정 아빠 이야기를 잠시 해볼까? 아빠는 여전히 현직에서 기술개발자로 활약하고 계신다. 스크린 골프 맵 개발부터 온갖 3D 작업까지 가끔 아빠가 하는 일을 들여다보면 입이 쩍 벌어질 때가 있다. 그런 아빠의 직업이 처음부터 기술개발자는 아니었다. 여러 가지 일을 하시다가 거의 독학으로 스크린골프 관련 프로그램 개발을 익히셨고, 현재는 연구소를 설립하셔서 소장으로 계신다.

돌아보면 아빠의 인생도 '3년 법칙'의 연속선상이라 할 만하다. 한국인은 정말 하기 힘든 헬라어와 히브리어까지 도합 5개 국어를 익히고, 낚시, 골프, 볼링, 바둑은 거의 전문가 수준. 독학으로 각종 컴퓨터 프로그램들을 공부해 그걸 직업으로 탈바꿈할 정도이니 말 다했다. 내가 어릴 적부터 아빠에게는 항상 몰입의 대상이 있었다. 엘리베이터 기다리는 시간에도 외국어 단어를 외우시던 아빠의 모습을 생생히 기억하고 있다. 은퇴 후 아빠에게는 '제과제빵'과 '한옥 짓는 기술'을 배우고 싶다는 꿈이 남아 있다. 물론 그 꿈을 위해 또다시 1,000일쯤은 그것에만 푹 빠져 지내시겠지.

노벨문학상을 받은 오에 겐자부로大江健三郎의 『읽는 인간』을 보면 이런 이야기가 나온다.

"어느 순간부터 독서 방식을 바꾸면서 '나의 문체, 문장을 바꾸자'는 쪽으로 흘러갔어요. 그런 생활을 의식적으로 선택하게 되었습니다. 졸업을 앞둔 제게 와타나베 선생은 앞으로 이렇게 독학을 하라고 책 읽는 방법을 가르쳐주셨는데, 그것은 3년마다 읽고 싶은 대상을 새로 골라서 그 작가, 시인, 사상가를 집중해서 읽는 방식이었습니다. 그렇게 하면 말이죠, 자기가 읽어온 것들로부터 영향을 받을 수밖에 없어요. 아울러 자신의 새로운 언어 감각을 발견하게 됩니다. 그런 작용이 발생하는 거예요. 문체에 변화를 주고자 이제껏 읽지 않던 방향의 책도 고르게 되었습니다. 이처럼 저는 3년마다 제 문체를 바꿔 가는 방법으로 소설을 썼습니다."

앞서 말한 '3년 법칙'과 일맥상통하는 이야기다. 3년마다 작가를 바꿔가며 독서하기, 3년마다 문체를 바꿔가며 글쓰기. 해당 작가의 사상과 문학관이 그에게 얼마나 깊이 아로새겨질 것이며, 자신의 언어 감각과 다양성이 얼마나 확장될 것인지 짐작이 간다.

물론 3년간 무언가를 꾸준히 지속한다는 게 쉬운 일은 아니다. 가공할 인내와 끈기가 있어야 하는 엄청난 일이다.

매년 1월 1일을 떠올려보자. 연초에 세운 무수한 계획들이 공염불이 되는 데 걸리는 시간은 그리 오래지 않다. 다이어트, 금연, 영어공부, 저축 등등 많은 염원이 3년은커녕 3일만 지나도 공중분해 되기 일쑤다. 따라서 1,000일간 한 가지 일에 집중하려면 '투쟁'에 가까운 노력과 열정이 뒷받침되어야 한다.

지금껏 인생을 바꾸기 위해 3년간 뜨겁게 노력한 적이 과연 있는지부터 돌아보자. 고개가 절레절레 흔들린다면 지금이 바로 '1,000일간의 쓰기 여행'을 시작할 때다. 인생을 흔들고 뒤바꿀 준비가 되어있는가? 자, 떠오르는 새해 첫 태양을 바라보는 설렘과 황홀함으로 이 쓰기 여행을 시작해보자.

매일 쓴다는 것의 의미

1,000일간 매일 글을 쓴다는 것은 어떤 의미일까? 그것은 내 삶의 주도권을 제대로 움켜쥐고 크고 작은 일에 흔들리지 않을 마음의 근육을 단련하겠다는 다짐이다. 또렷한 결과가 나오지 않는다 해도 눈에 보이지 않는 무수한 '무형의 가치들'을 얻을 수 있는 시간, 다른 인생 항로를 발견하거나 몰랐던 자아의 조각을 맞추거나 진정 의미 있고 소중한 것들을 생각할 수 있는 시간이다.

나는 폭발적으로 글을 쓰던 그 3여 년의 시절이 없었더라면 지금과 전혀 다른 사람이 되어 있을 것이다. 덜 여물고, 덜 고민하고, 덜 성장했을 것이다. 더 불안하고, 더 우울하고, 더 뒤척였을 것이다. 매일 글을 쓰며 원하는 나를 조금씩 완성해갔다. 꾸준히 지속하는 힘도 배웠다. 그렇게 3년쯤 같은 일을 반복하자, 놀랍게도 삶의 모양이 선연히 달라졌다. '이게 가능해?' 여겼던 일들을 서슴없이 실행에 옮겼고, 실패와 실수에 대한 면역력도 키워갔다. 세상과 타인이 이식한 가짜 꿈 말고, 내 실체와 욕망에 근접한 진짜 꿈들을 하나둘 이루어갔다.

1,000일간 매일 글을 쓴다는 것은 그런 의미다. 원하는 대로 삶을 바꾸고 말겠다는 결연한 의지다. 이 세상에 꿈을 이루고 원하는 나를 완성해가는 것보다 시급하고 중요한 일이 어디 있겠는가? 그렇다면 그 소중한 일을 기도하는 마음 없이 어떻게 이룰 수 있겠는가?

나는 이렇게 썼다!

'1,000일간의 쓰기 여행'을 떠나기에 앞서 숙지해야 할 몇 가지 룰이 있다. 이것들만 잘 지켜도 무탈한 여행길이 될 것이라 확신한다.

첫째, 매일 써내려가라!

중요한 건 분량이 아니라 횟수다. 하루에 세 줄을 써도 매일 쓰는 것이 중요하다. 하루의 공백은 일주일의 공백으로 이어지고, 일주일은 한 달, 그리고 한 달은 영영 글쓰기와 멀어지게 만들기 때문이다. 수영이나 영어 학원을 떠올려보자. 한 번 빠지기는 쉽지만 한 번도 안 빠지면 나중엔 누가 빠지라고 해도 아쉽고 아까워서 빠질 수가 없다.

글을 쓰는 시간은 상관없다. 편안한 시간을 선택하면 된다. 나의 경우,

주로 이른 아침과 잠들기 직전에 글을 썼다.

둘째, 솔직하게 써내려가라!

화려한 수사나 예술적 기교는 필요 없다. 맞춤법이나 띄어쓰기에 대한 강박도 버려라. 우리가 쓰는 글은 초등학교 때 담임 선생님께 보여주기 위해 쓰는 일기가 아니다. 감정에 충실해야 변화가 가능하다.

셋째, 자유롭게 써내려가라!

형식과 틀에 얽매이지 마라. 주제와 방향을 정해놓으면 도움이 되지만 일단은 쓴다는 행위에 대한 부담을 떨치고 그것과 가까워지는 것이 중요하다. 글쓰기가 일상의 자연스러운 풍경이 되고 온몸에 익숙해지면 그때부터는 테마를 고려할 것을 권한다. 예를 들면, '비즈니스 글쓰기', '감사 일기', '반성일기', '재테크 다이어리' 등 관심사에 따라 다양하다.

지금 당장 노트 한 권을 준비하자. 올망졸망 귀여운 필기구도 갖추자. 인도의 종교사상가였던 카비르Kabir는 이렇게 말했다.

"당신이 어디에 있든, 그곳이 시작점이다."

지금 앉은 그 자리가 출발선상이다. 지금 바로 이 순간이 글쓰기를 위한 최적의 시간이다.

매일의 전진을
도와주는
'성장일기'

／

　내 인생의 신조는 '죽을 때까지 섹시하게'다. 물론 여기서 말하는 '섹시'
가 육체적 농염함 따위를 이야기하는 것은 아니다. 몸이 예쁜 나이는 길
어야 40대까지라고 본다. 그리고 딱 평균까지만 산다 해도 40여 년을 더
살아가야 하는데, 나머지 긴 세월은 정신이 섹시한 여자, 요샛말로 '뇌섹
녀'로 살아가고 싶다. 그래서 곰곰이 생각해봤다. 뇌가 섹시하다는 것이
과연 어떤 뜻일까? 그건 긴장을 늦추지 않고 늘 배우고 성장하는 여자를
의미한다고 본다. 나이라는 옵션은 깡그리 무시한 채 열정과 도전으로 제
련하는 사람 말이다.

좌절 금지용 성장일기

언젠가 지하철에서 백발이 무성한 할머니 한 분이 스마트폰으로 단어를 찾아가며 영문소설을 읽고 계신 모습을 봤다. 몇 년이 지난 지금도 당시 그분이 입었던 스커트, 카디건과 헤어스타일까지 기억이 생생하다. 내겐 꽤나 신선한 충격이었던 모양이다. 나는 상대가 민망할 정도로 그 모습을 흔들림 없이 지켜보며 눈에 담았다. 그 순간 내 마음에선 아마도 이런 독백이 흘러나왔을 것이다.

'저렇게 늙고 싶다. 너무 아름답다.'

내가 그리는 노년의 모습과 정확히 겹치며 한동안 그 모습은 일상의 신선한 자극이 되었다.

30대에 접어들고 남편과 아이를 둔 명백한 아줌마가 되었어도 배움과 성장에 대한 열망은 줄어들 생각을 안 한다. 아니, 배우고 싶은 분야와 일에 대한 욕심은 점점 더 구체적이고 세분되어간다. 어쩌면 이것이 내가 일주일에 두세 번꼴로 '성장일기'를 기록하는 이유다. 죽을 때까지 성장하고 싶다. 무엇이든 배우고 싶고, 내 몫의 한계를 뛰어넘어 가능성의 구석구석을 면밀히 관찰하고 싶다.

2013년 6월의 어느 날 나는 일기장에 다음과 같은 내용을 적었다.

'매일 크고 작은 도전을 실행해봄은 어떨까? 나에 대한 편견을 깨뜨리는 계기를 마련해봄은? 하루에 1㎝씩 나아가는 것, 1%씩 변화하는 것이 목표다. 단번에 이룰 수 있는 일은 로또 말고는 없지 않나? 로또도 매일 사야 당첨 확률이 높아질 테니, 공들이지 않고 얻을 수 있는 건 하나도 없다는 게 세상의 이치이자 정석!'

그 무렵부터 나는 '성장'이라는 컨셉으로 일기를 썼다. 일기란 일과나 감상을 기록하는 것이란 편견에 사로잡혀있는 사람들에게 '성장일기'라는 단어 자체가 생소할지 모른다. 앞으로 이 책을 통해 여러 종류의 일기 쓰기 방법을 소개하겠지만, 일기란 저마다의 개성만큼이나 다양한 방향으로 쓰일 수 있다. 감사일기, 성장일기, 반성일기, 독서일기, 그림일기 등등 의식과 삶의 지평을 넓힐 수 있는 각양각색의 일기 쓰기 방법이 있다.

언뜻 '성장일기'란 단어가 너무 거창하게 들릴 수도 있다. 그렇지만 아무 부담 없이 당장 시작할 수 있는 일기다. 앞서 소개한 내 일기처럼 각자의 하루를 되돌아보고 새롭게 알게 된 것, 개선해야 할 점과 배우고 싶은 아이템들을 꼼꼼하게 기록하면 된다.

계속해서 내 성장일기의 조각들을 펼쳐 보이겠다.

2014년 8월 2일
늘 불러주는 강연만 진행하다가 난생처음으로 스스로 강연을 기획하고 청중을 모아 성공리에 마무리했다. 이로써 머릿속 그림 하나가

또다시 현실의 옷을 입었다. 뿌듯하다. 즐겁다. 무엇보다도 좋아하는 일을 마음껏 할 수 있다는 사실에 감사하고 행복하다.

다만 사전준비가 미흡한 것이 마음에 걸린다. 음향기기와 프로젝터를 미리 체크하지 못해 강연이 10여 분가량 지연되었다. 30명이 넘는 사람들의 소중한 10분이 내 준비 부족으로 허비되었다. 반성, 또 반성.

이처럼 당일 수행한 개인적 도전과제나 회사업무 등을 기록하고 자신에게 '당근과 채찍'을 주는 것이 바로 성장일기다. 용기를 가지고 성취한 무언가에 대한 느낌을 기록하는 것은 자신에게 응원가를 불러주는 일과 같다. 자존감과 자신감이 동시에 상승함은 물론이다. 이어서 아쉽고 부족한 점을 솔직하게 적어보는 것은 같은 실수와 실패를 최소화하려는 목적이다. 시행착오를 개선하고 좀 더 효율적인 방법을 찾기 위함이다. 이는 '성장'을 위해 반드시 필요한 부분이기도 하다.

2014년 8월 26일
- 영어단어 30개 암기.
- 중국어 원서를 20분간 독서.
- 강연 PT 자료 업데이트.

이렇게 간단한 메모형식으로 기록해도 무방하다. 핵심은 당일 스스로 '성장'을 위해 노력한 일들을 적고 되돌아본다는 데 있다.

자기계발서 대신 성장기록을

별것 아닌 이 기록들은 나의 하루, 한 주, 일 년의 노력과 열정의 합집합이다. 나는 매년 상반기와 하반기에 성장일기를 들춰보고 도전목록들을 점검한다. 달성한 목표들은 아예 개인 블로그에 공개하여 대놓고 자랑질도 한다. 내 성장기록을 공유한 많은 이들이 자극과 영감을 받았다고 전해왔다. 이 기록들은 내가 허투루 살지 않았다는 보증서 같은 것이고, 더 궁극적 목표를 향해 발을 옮기고 있다는 생생한 증표다.

성장일기를 쓸 때는 고수해야 할 태도가 하나 있다. 바로 객관적이고 냉정하게 자신을 돌아보라는 것이다. 어설픈 자기합리화나 비겁한 변명은 호주머니에 넣어두자. 오로지 '나는 어떻게, 얼마나 더 성장할 수 있을까?'라는 화두를 잡고 기록해보자. 그래야 원하는 방향으로의 전환이 가능하다. 꿈에 도달할 수 있다.

많은 사람이 변화를 꿈꾼다. 그게 나쁘다는 게 아니다. 변화를 꾀한다는 것은 다른 말로 더 근사한 사람이 되고 싶다는 고백이니까. 그런데 많은 사람이 획기적이고 역동적인 변화만을 원한다. 손바닥 뒤집듯 단번에 인생이 바뀌기를 기대하는 것이다. 현실성 없는 대박을 좇는 사람들이 너무도 많다. 하지만 그 누구도 그것이 영원히 변화하지 못하는 가장 큰 이유인 줄은 모른다. 성장일기 역시 이런 사람들에게는 실망만 안겨줄 수도 있다. 하지만 확신하건대 서서히, 강력하게 인생 전체를 변화시켜 줄 것이다. 성장일기를 딱 1년만 꾸준히 작성한다면 100권의 자기계발서를 읽는 것보다 더 큰 도움이 될 것이다. 고만고만한 이야기들로 희망 고문을 하는, 덮으면 그만인 자기계발서에 배신감만 든다면 이제는 '진짜 내 이야기' 속에서 변화해야 할 때다. 나의 편견, 선입견, 자신감 없음, 게으름과 폭식 등 악습……. 자신이 만든 감옥을 부수고 나올 수 있는 유일한 사람은 나 자신이다. 기록을 해보면 안다. 내가 얼마나 잘못된 인식과 성급한 일반화 속을 배회하며 살아왔는지를. 그리고 내 경험상 구체적인 행동이 뒤따르지 않는 한 틀을 바꿀 방법은 없다. 영원히 틀 속에 갇혀 살게 되는 것이다.

구체적인 목표가 있다면 해당 목표를 노트 제목으로 정하고 작성해도 좋다. 예를 들어 '토익 900점 취득', '자원봉사 100시간'이라는 목표를 정했다면 이와 관련하여 땀 흘린 결과물을 적어보는 것이다. 더도 말고 덜도 말고 딱 1년이다. 삶의 한 시절 뜨겁게 노력한 기록을 보유한다는 것은 그 자체로 커다란 자산이다. 훗날 주저앉아 포기하고 싶을 때, 길을 잃고 휘청거릴 때 성장일기는 희망의 당근이 되어 나를 위로할 테니까. 오늘부터 크고 작은 노력을 기록하여 기꺼이 꿈을 이루는 사람으로 거듭나 보자.

하루를 바꾸는 모닝 라이팅

글을 쓴다는 것은 두 가지 인생을 살아가는 것과 같다. 밥벌이를 위해 아침에 출근하고 마음에 내키지 않는 일을 10시간씩 묵묵히 해내는 것이 첫 번째 인생이라면, 두 번째 인생은 나 자신을 위해 원하는 것을 꿈꾸며, 면밀히 음미하고, 결국 이루어가는 인생이다.

두 가지 하루를 사는 방법도 있다. 첫 번째 하루가 '나'는 쏙 빠진 채 잿빛 사무실에서 영혼 없는 좀비처럼 지내는 것이라면, 두 번째 하루는 질서와 룰을 확립하고 내가 원하는 흐름에 몸을 맡기는 것이다.

목표를 향해 느릴지언정 정확한 걸음을 걷는 하루. 공부, 일, 사랑, 가정, 나 자신까지 두루두루 챙기며 주도해가는 하루. 그런 하루를 위해 필요한 한 가지가 바로 아침을 제대로 여는 것인데, 그 방법으로 지금부터 모닝페이지 쓰기를 소개하려 한다.

시간을 내 편으로 만들기

인생을 바꾸는 데 필요한 시간은 생각만큼 길지 않다. 돌아보면 천지개벽하듯 인생을 바꾼 사건들은 단 하루, 혹은 몇 시간 안에 이루어졌다. 나를 바꾼 깨달음도 방대한 문자나 엄청난 만남들 속에서 이루어진 것이 아니다. 한 줄의 명언, 찰나의 만남이 나를 이전과는 영원히 다른 사람으로 바꾸어놓았다.

의식처럼 행하는 아침 노트도 마찬가지다. 단 5분. 내가 아침 노트에 투자하는 시간이다. 있어도 없어도 그만인 5분의 시간이 나의 하루를 바꾸고, 바뀐 하루들이 다시 한 달을 알차게 일군다. 그 한 달들이 모여 일 년을, 일 년은 5년을, 5년은 인생 전체를 변화시킬 것이라 믿는다. 이 모든 것의 뿌리는 아침에 쓰는 5분의 '모닝페이지'다.

처음엔 하루를 정리하는 차원에서 모닝페이지를 작성했다. '오늘의 할 일'이란 제목으로 단순히 해야 할 일을 나열하는 식이었다. 두서없이 기억을 더듬어 해치워야 할 과제들을 나열했다.

  1. 외할머니께 안부 전화

  2. 주말 결혼식에 입고 갈 정장 드라이클리닝

  3. 오후 3시 ○○도서관 독서법 특강

4. 칼럼 초안 작성하기

등등

단순히 할 일을 글로 정리했을 뿐인데 그렇게 한 하루와 그렇지 않은 하루가 생산성 면에서 엄청난 차이를 보였다. 신통방통 놀라웠다. 매일 100%는 아니지만 70% 이상의 달성률을 기록한 것이다.

나로 말하자면 일단 글로 적은 할 일 목록을 해결하지 않으면 온종일 찜찜했다. 숙제는 안 하고 밤새워 노는 기분이랄까? 그 기분을 떨쳐내기 위해서라도 종이에 적은 약속은 이행하려고 노력하는 자신을 발견했다.

나중엔 좀 더 꼴을 갖추게 되었다. 단순히 할 일 목록을 나열하는 데 그치지 않고 중요도와 긴급도에 따라 순서를 정하게 된 것이다. 아주 미세한 변화를 주었을 뿐인데 그에 따른 효과는 또 놀라웠다. 그때부터였던 것 같다. "너는 언제 이 모든 걸 다 하니?"라는 이야기를 듣게 된 것이. 특별히 부지런한 것도 아니고, 손발이 빠르거나 그렇다고 두뇌 회전이 뛰어나지도 않은 내가 남들 눈에 꽤 많은 것들을 거침없이 해치우며 꿈을 향해 돌진하는 사람처럼 비치게 된 것이다.

이때 해야 할 일 목록을 너무 많이 적는 것보다 '반드시' 해야 할 일을 서너 가지만 적어두는 것이 좋다. 가장 중요하고 시급한 일 몇 가지를 간추린 뒤 포스트잇이나 수첩에 적어 둔다. 처음엔 나도 열 가지, 스무 가지도 넘게 빼곡하게 적어두었다. 그런데 언제부턴가 그 목록에 치여 심리적 부담만 가중된다는 것을 깨달았다. 본격적인 하루 업무를 시작하기도 전에 피로해지는 기분이었다. 사실 하루에 세 가지 일만 제대로 해결해도 엄청난 성과다. 서너 가지 일을 100% 달성한다는 목표를 갖고 모닝페이지를 작성해보자. 아침이, 하루가, 인생이 달라질 것이라 감히 확신한다.

실제로 1953년 미국 예일 대학교에서 한 실험결과가 이를 증명한다. 졸업반 학생을 대상으로 한 가지 질문을 했는데 질문의 내용은 "목표를 명확하게 써두고 있는가?"였다. 그리고 조사결과는 다음과 같았다.

> 아무런 목표도 설정한 적이 없다. 67%
> 목표가 있으나 글로 적어두지 않았다. 30%
> 목표를 글로 적어두었다. 3%

20년이 지난 1973년, 사회에 진출한 이들을 대상으로 그들의 삶에 대해 조사했다. 그 결과, 자신의 목표를 글로 썼던 3%의 졸업생이 축적해놓은 재산이, 나머지 97%의 졸업생 전부가 축적한 것보다 훨씬 더 많았다. 더 부자이며 건강하고 행복감도 훨씬 높은 것으로 조사되었다. 이들 간에는 학력, 재능, 지능 면에서 의미 있는 차이가 없었음에도 목표를 글로 썼느냐의 여부에 따라 재산, 소득, 사회적인 영향력의 격차가 무려 10배에서 20배 이상 차이가 난 것이다.

글로 작성한 목표는 이렇게 큰 효력을 발휘한다. 성과를 관리하고, 하루를 점검하고, 인생을 설계하여 결국 원하는 꿈에 닿게 한다.

아침에 쓰는 마법노트

자성예언이라는 말이 있다. 스스로 건네는 주문. 우리말 속담 '말이 씨가 된다'의 사자성어 격이라 해야 할까? 내뱉은 말은 공기를 맴돌다 다시 그 주인에게로 돌아오게 되는 것 같다. 사실 이건 꽤 위험하고 무서운 이야기다. 그렇지만 '말의 위력'을 잘 알기에 누구도 부정하지 못하는 이야기이기도 하다.

말이 이러할진대 하물며 글은 오죽할까 싶다. 종이 위에 쓰인 글은 공기 중에 흩어지는 말보다 열 배는 강력한 파워를 갖는다. 그것이 자기기만 혹은 싸구려 위로나 동정일지라도 일단 글로 적은 순간 나비의 날개처럼 파닥거리며 묘한 생명력을 얻게 되기 때문이다. 이런 글의 힘을 너무 잘 아는 나는 언제부턴가 '모닝페이지'에 힘을 주는 글귀를 한 줄씩 추가한다.

– 위험을 피할 수 있게 기도하는 대신, 위험에 처했을 때 두려워하지 않게 해달라고 기도하게 하소서. 고통이 사라지게 해달라고 기도하는 대신, 고통을 이겨낼 강인한 마음을 달라고 기도하게 하소서.

– 당신의 인생을 두 번째로 사는 것처럼 살아라. 당신은 첫 번째 인
생을 형편없이 행동함으로써 망쳐버렸는데, 이제 두 번째 인생을
살면서 지난번의 과오를 지금 막 되풀이하고 있다는 위기의식을 가
지고 행동하라.

고요와 적막, 오롯한 홀로의 시간, 이제 막 선물처럼 주어진 하루의 포
장지를 뜯으려는 가슴 벅찬 아침의 순간. 이 시간의 가치는 돈으로 환산
할 수 없을 만큼 값지고 희소하다. 점심도 저녁도 아닌 아침 5분을 글 쓰
며 정리하는 시간으로 추천하는 이유다. 매일의 5분이 모여 질서정연한
최고의 하루를 선물할 것이기 때문이다. 커다란 성과와 눈에 띄는 결과를
안겨주며 결국 원하는 인생 로드맵을 완성하게 해줄 것이다.

유치하지만 내가 모닝페이지를 마법 노트라 부르는 것도 이런 까닭이
다. 마법이 별건가? 21세기 이곳 대도시에서의 마법은 시간을 내 편으로
만들어 꿈과 목표를 앞당겨주는 것을 말하지 않겠는가? 우울증, 외상 후
스트레스 장애, 불안증, 공황장애 등 갖가지 정신질환에 노출된 우리에게
설탕 한 스푼만큼의 달콤한 위로를 건네준다면, 그게 바로 모닝페이지가
주는 마법이 아니고 무엇이겠는가 말이다.

인생의 전환은 아주 미세한 행동의 변화 속에서 이루어지는 경우가 많
다. 내년이, 내일이 달라지길 기도한다면 일단 스스로 통제가 가능한 작

은 변화부터 시도하라.

아침 5분을 투자해 하루의 질서를 확립하고 자신과의 약속을 글로 적기! 그리고 무슨 일이 있어도 그 약속을 지키는 하루로 만들기!

이것만 제대로 지켜내도 세상 어떤 것보다 압도적이고 강렬한 마법이 일어날 것이다.

더 깊이 사랑하고 더 잘 헤어지기 위한 애도의 글쓰기

아직도 기억난다. 아마도 엄마는 그 무렵이 내가 '사랑'이란 걸 시작하게 될 나이라 판단했나 보다. 열일곱 살 무렵 엄마는 내게 '사랑학 개론'을 강의했는데 결론은 크게 두 가지다.

하나, 사랑은 동정이 아니다. 절대 이 둘을 착각해서는 안 된다. 즉, 나를 두렵게 하거나, 지치고 아프게 하는 사람을 불쌍하다는 이유로 곁에 두는 것은 사랑이 아니라는 얘기다. 사랑은 희생이지만 고문은 아니다.

둘, 사랑은 시작보다 끝이 더 중요하다. 죽어라 사랑하고 죽일 듯 헤어지는 사람이 부지기수다. 그 사람의 진가는, 그 사랑의 진실은 끝에 가봐야 알게 되는 법이다.

사실 그 후로도 엄마에게 이 강의(?)를 너무 많이 들어서 잔소리처럼 별 감흥이 없었다. 그러려니 하며 살았는데, 어른이 되고 사랑과 이별 속에서 몇 차례 엎치락뒤치락하는 과정을 겪으며 엄마야말로 사랑의 고수라는 생각을 했다. 마음을 다친 날 울음을 참으며 읽은 수많은 사랑에세이, 잠언집과 심리학 서적에서 말하는 게 결국 엄마가 하는 이야기의 다른 변주였던 것이다.

한 가지 더, 엄마가 사랑의 고수가 확실한 이유가 있다. 그것은 바로 이별 후 혼자 하는 글쓰기를 권유했다는 사실이다.

"헤어진 다음에 구차하게 울고 불며 술 먹고 전화하지 말고, 그 사람에게 하고 싶은 말을 혼자 조용히 편지로 정리해 봐. 그리고 그 편지는 절대 부치지 마."

하, 이 얼마나 놀라운 통찰인가? 이별의 최대 적은 그놈의 술이라는 사실, 깔끔하게 돌아서면 저주하든 축복하든 혼자 해결해야 한다는 사실을 그토록 명쾌하게 가르쳐주다니. 나이를 먹을수록 엄마의 지혜와 선견지명(?)에 감탄한다.

이별을 위한 감정 글쓰기

엄마의 조언은 론다 핀들링Rhonda Findling의 책『그 남자에게 전화하지 마라』에 나오는 것과 매우 흡사하다. 뉴욕에서 심리치료사로 일하는 저자는 '사랑은 떠나도 삶은 여전히 남는다'고 외치며 사랑 때문에 눈물 흘리고 힘들어하는 여자들을 위로한다.

이 책이 흥미로운 이유는 사랑과 이별에 아파하는 여자들에게 매우 구체적이며 실질적인 글쓰기 프로그램을 제시하고 있기 때문이다.

저자가 제안하는 '그 남자에게 전화하지 마라 10단계' 프로그램이 있다. 이와 더불어 반드시 병행해야 할 것이 각 단계를 마친 뒤 내면에 머무르는 감정 상태를 솔직하게 글로 쓰는 것이다. 이를테면 다음과 같다.

그 남자에게 전화하지 마라 1단계 - 무조건 시간이 흘러서 뒤로 물러나기를 기다린다. 그리고 그것을 해냈다면 그때 느끼는 감정과 떠오르는 생각을 글로 적는다. 2단계 - 전화를 하게 만드는 물건이나 생각들을 멀리한다. 그리고 나를 관통하는 모든 것을 글로 남긴다. … 7단계 - 다른 사람과의 대화를 통해 감정을 이야기한다. 역시 그때의 심리상태를 글로 적는다.

이렇게 마지막 10단계까지 저자의 프로그램을 순순히(?) 따르고 모든 단계별 글쓰기 과제를 작성하는 것이다. 이 프로그램은 저자가 실제 워크숍과 모임을 통해 진행한 것으로 많은 여자가 이를 통해 실연의 상처에서 벗어나 다시 자신을 사랑하게 되었다고 한다. 저자의 말에 따르면 생각을 글로 정리하는 것은 자신의 감정을 다스리는 훈련 가운데서 가장 중요한 행동이다. 또한 과거에 저지른 실수에 얽매이지 않고 자기 자신을 용서하는 법을 가르친다. 고통을 잠시 잊는 것이 아니라, 그를 잊고 앞으로 한 발

내디딜 수 있도록, 그래서 자신의 삶을 주도적으로 사는 승리자가 될 수 있도록 안내하기 때문이다.

절망에 앞서 해야 할 일

꼭 연인과의 이별만이 아니다. 살다 보면 자의로 타의로 누군가와 헤어지는 일이 너무 많다. 아무리 해도 익숙해지지 않는 이별이란 것이 인생의 고개마다 우리를 기다리고 있다. 그럴 때 글을 쓰며 마음을 다스린다면 감정을 수습하는 데 큰 도움이 될 것이다.

롤랑 바르트Roland Barthes의 『애도 일기Journal de deuil』가 그 대표적인 예다. 애도. 참 어려운 단어다. 현대인들의 숱한 마음의 병은 흘러가는 감정을 제대로 놓아주지 못해서일 것이다. 제대로 슬퍼하지 못하고 제대로 방황하지 못해서, 상실을 집요하고 깊게 파헤쳐 놓아버리지 못하고 한쪽 발을 평생 그 안에 걸친 채로 살아가기 때문일 것이다. 그런 의미에서 롤랑 바르트의 『애도 일기』는 우리에게 시사하는 바가 크다. 격렬한 슬픔을 글쓰기를 통해 어떻게 다스리는지 보여주고 있기 때문이다.

롤랑 바르트의 어머니 앙리에트 벵제Henriette Binger는 1977년 10월 25일 사망했다. 그는 그다음 날부터 애도 일기를 쓰기 시작했고, 일기는 2년 뒤인 1979년 9월 15일에 끝을 맺는다. 그 2년간 그는 슬픔이 습격해 올 때마다 어머니를 그리며 글을 써내려갔다.

"나는 이제 가는 곳마다, 카페에서나 거리에서나 만나는 사람들 하나하나를 결국은 죽을 수 밖에 없음이라는 시선으로, 그러니까 그들 모두를 죽어야 하는 존재들로 바라본다. 그런데 그 사실만큼이나 분명하게 나는 또한 알고 있다. 그들이 그 사실을 결코 알고 있지 못하다는 걸."

"자기만의 고유한 슬픔을 지시할 수 있는 기호는 없다. 이 슬픔은 절대적 내면성이 완결된 것이다. 그러나 모든 현명한 사회들은 슬픔이 어떻게 밖으로 드러나야 하는지를 미리 정해서 코드화했다. 우리의 사회가 안고 있는 패악은 그 사회가 슬픔을 인정하지 않는다는 것이다."

애도의 글쓰기

연인과의 이별, 가족의 죽음, 반려동물을 떠나보내거나 모두가 사랑한 자연유산과 문화유산이 훼손 되었을 때에도 우리에게는 애도의 시간이 필요하다. 김형경 작가는 그의 저서 『좋은 이별』에서 "상실이나 결핍이 심리적 문제의 원인이 된다면, 애도는 그 문제에 대한 본질적 해결책이다"라고 말한다. 바꾸어 말하면, 애도의 과정만 잘 해내도 상실로 인한 상흔에서 벗어날 수 있다는 얘기다.

"뒤늦게라도 잘 슬퍼하고 떠나보내야 할 이별의 대상은 부모, 형제, 연인만이 아니다. 프로이트가 이미 말했듯이 '사랑하는 사람의 자리에 대신 들어선 어떤 추상적인 것'에 대해서도 애도해야 한다. 오늘날에는 그 추상적인 것의 범주가 한층 넓어지고 있다. 정체성의 일부인 직장, 직위, 명예 등을 잃었을 때, 젊고 아름다웠던 과거의 자기를 떠나보내야 할 때, 부자라는 사실을 정체성 일부로 여기는 이들이라면 주식 투자를 했다가 돈을 잃었을 때도 상실감을 경험한다. 생의 한 시기에 온 힘을 다해 몰두했던 꿈, 목표, 이데올로기 등을 잃었을 때, 연극배우들이 혼신을 다한 공연을 끝냈을 때, 고시 공부에 몰두한 이들이 시험에 합격했거나 불합격했을 때도 마찬가지다. 애착의 감정을 품었던 모든 대상, 애완견이나 필기구 같은 것을 잃었을 때도 상실감을 느낀다."

이별의 범주는 이렇게 넓고, 따라서 애도해야 할 대상 역시 매우 다양하다. 참 많은 애도의 과정이 필요한데 우리는 마음의 소리에 귀를 닫고 앞으로 전진하는 데만 골몰했다. 뒤도, 옆도 안 돌아보고 오로지 앞만 보고 걸은 것이다.

무시한 모든 것들이 안개처럼 사라지는 게 아니다. 언제가 될지 모르지만 반드시 다시 나타나 마음을 괴롭히고 길을 가로막는다. 해결하지 않은 심리적 문제는 반드시 대가를 치르게 되어 있다.

적절한 이별의식으로서의 애도의 글쓰기는 그래서 꼭 필요하다. 생의 순간순간 격렬히 사랑하거나 애착을 가졌던 대상을 떠나보낼 때마다 그것을 사랑했던 열정만큼 뜨겁게 나를 위로하고 애도해야 한다. 얼마나 사랑했는지, 얼마나 간절히 원했는지, 그래서 지금 얼마나 아프고 힘겨운지 마음속 밑바닥까지 내려가 남김없이 쏟아내는 글쓰기를 하는 것이다. 감정을 글로 적는 것은 나를 붙들고 있는 집착, 스트레스, 슬픔 등 마음의 응어리를 푸는 과정이다.

김형경 작가는 애도의 글쓰기로 감정을 있는 그대로 작성하는 것과 더불어, '삶의 의미와 목표를 생각하기', '자신을 돌보면서 1년 후 모습 써보기' 등을 제시한다. 아픔을 대신하여 생산적인 대체 대상을 갖는 일은 매우 중요하기 때문이다.

삶은 끝도 없는 상실의 연속이다. 하지만 언제나 그랬듯 사랑은 또 올 것이다. 그는 가도 나는 남고, 슬픔에 사로잡혀도 인생은 계속 흘러간다. 다음 사람을 더 깊이 사랑하기 위해, 우리는 '잘' 헤어져야 한다. 내일의 나를 위해 과거의 나와 화해해야 하고, 다음번 도전을 위해 어제의 실패를 이겨내야 한다. 새로운 나로 다시 태어나기 위해서는 슬픔의 흐름을 이해하고 제대로 소화해야만 한다.

혼자 있는 시간이
당신의 미래를 바꾼다

자고로 뭐든 경험해봐야 안다는 말은 진리다. 멕시칸 음식에서 고향의 맛이 느껴지는지, 휘핑크림이 잔뜩 올라간 커피가 취향저격인지 알 방법은? 직접 먹어보는 수밖에 없다. 노벨문학상을 받은 천재작가가 촌철살인의 언어로 그 맛을 설명해줘도 한 번 맛보는 것만 못할 게 분명하다.

글쓰기도 마찬가지다. 글쓰기를 잘하는 유일한 방법은 '직접' 펜을 잡는 것이고, 글쓰기로 삶을 바꾸는 유일한 방법은 '꾸준히' 펜을 잡는 것이다. 직접 쓰는 건 당연한 이야기인데, 꾸준히 쓰는 게 왜 삶을 바꾸는 방법이냐고? 바로 혼자 있는 시간을 확보해주기 때문이다. 단체 백일장이나 쓰기 모임이 아닌 이상 대부분의 글쓰기는 고요한 시간 속에 홀로 행해진다. 글쓰기를 소리 없는 침묵의 싸움이라고 하는 것도 이런 이유에서다. 역사는 혼자 있는 방안에서 이루어진다는데, 그런 의미에서 글쓰기는 자신만의 역사를 세우는 데 최적의 순간을 제공한다. 혼자의 시간을 매일 꾸준히 갖는다고 생각해보라. 아무런 변화가 없는 것이 더 이상한 일 아닐까?

상념과 고민, 번뜩이는 아이디어와 아픈 깨달음, 가치관을 정립하고 미래를 계획하는 등 인생이 바뀌는 순간들이 고교동창모임이나 강남역 술집 안에서 이루어질 리 없다. 이 모든 것들은 행간과 여백이 가득한 공간과 시간 속에서 꿈틀댄다. 매일의 글쓰기가 삶을 바꾸는 결정적인 이유다.

혼자 있는 시간의 가치를 일깨우는 글쓰기

『혼자 있는 시간의 힘孤獨のチカラ』,『잡담이 능력이다雜談力が上がる話し方 30秒でうちとける會話のルール』의 사이토 다카시齋藤孝는 대학 입시에 실패했던 18살부터 30대 초반까지 십여 년간 혼자 있는 시간을 가지며 앞으로 나아갈 힘을 길렀다고 한다. 무리 지어 다니면서 성공한 사람은 없다는 단언과 함께 성공을 결정하는 가장 중요한 요소는 타고난 두뇌나 공부의 양이 아닌 '혼자 있는 시간에 집중할 수 있는 힘'임을 역설한다. 또한 그는 대학에서 학생들을 가르치며 흥미로운 사실을 발견했는데, 혼자 수업을 받는 학생이 친구들과 함께 몰려다니는 학생에 비해 학습 에너지와 몰입도가 높다는 것이다. 실제로 저자 자신도 10년이 넘는 시간 동안 혼자서 공부에 몰입하며 실력을 쌓았다고 한다. 하지만 사람들은 소속된

집단이나 가까운 친구가 없으면 자신을 낙오자로 여기며 관계에 필요 이상으로 힘을 쏟는다.

물론 관계도 중요하다. 하지만 모든 관계가 다 좋은 영향을 주고받는 것은 아니다. 때로는 도움이 안 되는 주위의 평가나 비교가 자신감을 깎아내리기도 한다. 그렇기에 중요한 시기일수록 적극적으로 혼자가 되어야 한다. 누구의 말에도 휘둘리지 말고 침잠하여 목표에 집중해야 한다. 사람은 혼자일 때 성장하기 때문이다. 혼자 글 쓰는 시간은 그것을 철저히 가능하게 만든다. 목표에 집중하며 성장하는 방법을 깨우치게 한다. '혼자'가 불편한 사람이라면 내가 지금 그걸 편안하게 받아들이는 트레이닝 중이라고 여기자.

조정래 작가는 어떻게 하면 글을 잘 쓸 수 있냐는 독자의 질문에 이렇게 대답했다.

"돌은 단 두 개. 뒤 돌을 앞으로 옮겨 놓아가며 스스로, 혼자의 힘으로 강을 건너야 한다. 그게 문학의 징검다리다."

그러면서 덧붙이기를 많이 읽고(多讀다독), 많이 쓰고(多作다작), 많이 생각하는 것(多商量다상량)만큼 좋은 방법은 없다고 말한다. 여기서 조건은 반드시 자신의 결연한 의지를 바탕으로 해야 한다는 것. 이 말은 곧 혼자 있는 시간을 철저히 확보하여 자신의 의지대로 읽고, 쓰고, 생각하라는 뜻이다. 여기에는 복잡한 프로세스나 변수가 있는 공식도 없다. 종이와 펜을 들고(혹은 노트북을 들고) 방이나 카페로 갈 것! 그리고 쓸 것! 이상 끝!

매일이 나와의 데이트

매일 글을 쓴다는 것은 또한 매일 나와 달콤한 데이트 시간을 갖는 것이다. 연인이나 배우자와의 데이트도 좋지만 가장 중요한 건 자신과 데이트를 즐기는 것이다. 나와의 데이트라 하면 지독한 나르시시즘을 연상하며 약간 거부감이 들 수도 있겠지만, 정신건강과 자아발전에 두루두루 긍정적인 효과를 가져다주는 것으로 생각하면 된다.

어떤 데이트를 즐길 것인지는 그 날의 글쓰기 주제에 따라 달라진다. 이를 나는 '포춘쿠키 라이팅'이라고 이름 붙였다. 설렘과 기대감으로 내게 찾아올 행운을 선택하는 포춘쿠키처럼, 글쓰기 주제를 다양하게 미리 준비한 뒤 무작위로 뽑아보는 것도 즐거운 일이다. 이를 위해 나는 다른 건 없고 책의 A부터 Z까지 글쓰기 주제만 열거된 독특한 책을 두 권 구입했다. 그 책을 아무 페이지나 넘겨 그 날의 글쓰기 주제를 정한다. 마치 포춘쿠키를 뽑듯이. 엉뚱한 주제가 뽑히는 날도 있다. 예를 들면 '당신이 식물과 대화를 나눌 수 있다면?'과 같은. 하지만 때로는 감정선을 넓혀주며 영감을 주고, 지루한 일상을 단번에 날려줄 날카롭고 구체적인 질문들도 있다. 예를 들면 '화초가 죽어가고 있다. 화초에게 살아야 하는 이유를 설명하라'와 같은 질문이다. 화초에게 살아갈 이유를 설명하는 것은 나 자신에게 삶의 의미와 가치를 브리핑하는 것과 같다. 나만의 크리에이티브가 샘솟으며 고정된 사고의 틀이 깨어지는 주제임이 분명하다.

아예 매달, 혹은 연초에 글감 목록을 작성해보는 것도 좋은 방법이다. 이리 저리 재지 말고 머릿속에 떠오르는 대로 창의적인 글감 목록을 정리해보는 것이다. 매일 한 가지 글을 반드시 완성할 필요는 없다. 이틀에 하나여도 좋고, 고민이 필요한 주제라면 일주일에 하나여도 괜찮다. 일단 글감을 서른 개 정도 정리한 뒤 하나씩 완성해보자. 대신 지극히 단순한 주제보다는 자극과 영감을 줄 수 있는 주제면 좋다. 인생에 대해 다시 한 번 생각하게 하고, 나 자신에 대한 고정관념을 깨뜨리고, 세상과 타인에 덧씌운 철옹성의 편견을 부술 수 있는 주제 말이다. 그렇게 일 년에 서른 개의 주제를 완성한다는 목표부터 시작하라.

스무 살 이후 서른 개의 주제를 가지고 혼자의 공간에서 철저히 혼자로 남은 채 펜을 든 적이 단 한 번이라도 있는가? 그렇다면 '겨우' 서른 개의 글쓰기로 인생이 바뀔까? 도움이 될까? 라는 의심은 접어두자. 그리고 일단 한 번도 해 본 적 없는 그 어려운 일을 시작해보자. 인생이 변한다, 분명히. 천지개벽하듯 변하진 않는다 해도 적어도 나의 본능, 취향, 무의식에 대해서 엄마보다 더 잘 알려준다. '겨우' 서른 개의 글쓰기가 가져다주는 효과치고는 대단하지 않은가.

어	디	까	지		해	봤	어	?	
질	문	목	록						

좋아하는 경영서적 중 하나인 톰 피터스Tom Peters의 『리틀빅씽The Little big things』에는 다음과 같은 질문목록이 등장한다. 예를 들면 '오늘 고객에게 전화해보았는가?', '지난 한 주간 다른 부서를 도와 협업한 직원을 공개적으로 인정한 적 있는가?' 등 매우 구체적인 실질적 업무를 묻는 질문목록이다. 저자는 이것을 치열한 경쟁 사회에서 승자가 되기 위해, 나만의 블루오션을 찾기 위해 어디까지 노력해보았는지를 묻는 Q.리스트라고 이야기하며 모두가 이 리스트를 보유할 것을 권한다.

나는 톰 피터스가 고안한 큰 틀은 그대로 살리되 나만의 질문목록 40가지를 재작성 해보았다. 지금까지 살면서 '얼마나 깊이', '어디까지 넓게' 노력해보았는지를 가늠하는 질문들이다. 나는 이 리스트에 답하며 오랜만에 나 자신과 지난 시간을 돌아볼 수 있었다. 과거, 현재, 미래에 대해 진지하게 생각하고 나만의 인생방정식을 다시 풀어보게 되었다.

앞서 글쓰기 주제에 대해 이야기했는데, 아래 질문목록을 일 년간의 쓰기 여행 주제로 채택하여 작성해도 좋다. 어떤 주제를 가지고 '성장'을 위한 글쓰기를 시작해야 하는지 고민인 사람이라면 아래 질문에 하나씩 답해보라.

01 마지막으로 하루 10시간 이상 무언가에 몰입한 적은 언제인가?

02 인생에서 가장 간절히 무언가를 염원한 시기는 언제인가?

03 그렇다면 무엇을, 얼마나, 어떻게 염원했는가?

04 그 일을 포기했다면 그 이유는? 혹은 여전히 진행 중이라면 아직도 매듭짓지 못한

이유는 무엇이라고 생각하는가?

(그 일에 성공했다면 이 질문은 패스)

05 남들의 시선에서 완벽히 벗어난다면 지금 당장 해보고 싶은 일 한 가지는?

06 10년 후 내 모습을 자세히 묘사할 수 있을까?

07 지난 시간 중 가장 아쉽고 안타까운 순간은 언제인가?

08 아무도 모르게 혼자만 간직하고 있는 꿈이 있는가?

09 있다면 그것을 감추는 내면 심리의 바탕은 무엇일까?

10 눈에 보이지 않는 것 중 무엇이 가장 두려운가?

11 내가 절대로 할 수 없을 것이라 여겨지는 일 한 가지는?

12 11번 질문의 그 일을 실제로 시도해 본 적은 있는가?

13 나를 가장 열광시키는 가치 세 가지는?

14 인생에서 가장 크게 성공한 적은 언제인가?

15 한 달을 기준으로 가장 많이 번 돈은 정확히 얼마인가?

16 인생에서 가장 크게 실패했다고 생각되는 때는 언제인가?

17 성공 여부를 떠나 10년 이상 노력한 분야가 있는가?

18 나와의 싸움에서 이긴 적이 많은가, 진 적이 많은가?

19 자신의 강점 세 가지는?

20 반드시 고치고 싶은 세 가지 성격적 결함은?

21 누군가와 협업하여 성과를 낸 적이 있는가? 있다면 구체적으로 어떤 일이었는가? 자신의 팀플레이 능력을 정확히 들여다보라.

22 향후 3년 안에 내 인생 포트폴리오에 추가하고 싶은 내용이 있다면?

23 죽기 전에 반드시 마스터하고 싶은 기술 하나는?

24 자신이 원하는 분야에서 성공하기 위해 가장 필요한 3가지 요소는 무엇이라고 생각하는가?

25 나만의 '리마커블', '차별화'는 무엇인가?

26 가장 최근 밤새워 일하거나 공부한 적은 언제인가?

27 최근 3년 내에 머리에 품고 있지만 실행시키지 못하고 있는 아이디어가 있는가?

28 나라는 사람을 표현하는 한 줄의 문구를 작성한다면?

29 늘 작심삼일에 그친다면 그 이유는 무엇이라고 생각하는가?

30 재능보다 중요한 두 가지를 꼽자면?

31 아끼지 않고 투자하는 항목이 있다면?

32 닮고 싶은 사람과, 그의 닮고 싶은 부분은?

33 미래의 내 꿈을 위해 하루에 몇 분이나 투자하고 있는가?

34 내가 생각하는 가장 훌륭한 공부법은?

35 현재 내 공부 혹은 자기계발을 방해하는 가장 큰 걸림돌은 무엇인가?

36 스스로 어디까지 성장할 수 있다고 생각하는가?

37 작년 혹은 올 연초의 계획을 얼마나 실행하였나?

38 10년 후 내가 가장 두려워하는 내 상태/모습은?

39 알면서도 저지르는 나쁜 습관 세 가지는?

40 나는 정말 최선을 다해 열심히 살고 있는가?

내가
글을 쓰는 이유

동료의 승진 소식에도, 사촌의 팔촌이 강남에 아파트를 장만해도, 옆집 아이가 반장이 되어도 마음이 살랑거리는 것이 지극히 평범한 우리네 삶이다. 그래서 나는 도리어 궁금하다. 쓰지 않는 사람들은 이 변화무쌍한 감정의 파도를 어떻게 넘으며 살아가는지. 바람이 길을 내주어 파도타기가 마음처럼 될 때도 있지만 조금만 높아져도 울렁거림을 참을 수 없을 때가 있을 것이다. 마치 감정처럼.

그럴 때 지상의 나는 준비된 노트를 펼치거나 노트북을 켠다. 말하자면 글쓰기는 내게 파도를 잔잔하게 하는 힘. 흔들림 없는 삶을 위해 꼭 필요한 일이다.

쓴다, 의미로 가득한 삶을 채워나가기 위해

내가 좋아하는 최승자 시인은 말했다.

"쓴다는 것, 써야 한다는 생각이 없었더라면 내 삶은 아주 시시한 의미밖에 갖지 못했으리라는 것, 어쩌면 내 삶이라는 것도 존재하지 않았으리라는 것."

나는 이 문장을 이제야 조금은 이해할 것 같다.

『1984: Nineteen eighty-four』, 『동물농장Animal farm』으로 유명한 조지 오웰George Orwell의 『나는 왜 쓰는가 Why I Write』를 보면 그는 글을 쓰는 이유를 4가지라고 밝힌다. 첫째, 순전한 이기심. 둘째, 미학적 열정. 셋째, 역사적 충동. 넷째, 정치적 목적.

글쓰기를 사랑하는 누구라도 글을 쓰는 나름의 이유가 있을 것이다. 조지 오웰처럼 역사적 충동이나 정치적 목적은 못 되지만 내가 쓰기에 사활을 걸었던 이유는, 돌아보면 '어떻게 살아야 하지?'를 누구보다 치열하게 고민했기 때문이다. 무엇을 위해, 어떤 삶을 살아야 하느냐는 질문을 단 하루도 예외 없이 나에게 던졌다. 나는 막연한 삶의 지표보다 매우 구체적이고 현실적이며 의미 충만한 이정표가 필요했다. 머리는 믿을 것이 못 되어서 금방 나를 배신했다. 그렇지만 조금만 부지런을 떨면 머리에 담아둔 것을 영원히 소유할 수 있기에 나는 한 자 한 자 글을 썼다.

무엇을 잊고 싶은지,

누구를 얼마만큼 사랑하는지,

어디서 어떤 모습으로 살고 싶은지,

대체 왜 태어난 것인지.

한두 번은 절대 모른다. 아무것도 바뀌지 않는다. 누구든 그럴 것이다. 그러나 한 해, 두 해 지나고 매일 쓰는 시간이 십 년을 넘어서자 인생이 왈칵, 방향을 틀었다. 알고 보니 나는 쓰는 내내 아주 미세하게 나를 바꿔가고 있었다. 그렇다고 내가 위대한 진리를 발견했거나 인생의 심연을 밝혀줄 눈을 갖게 되었거나, 하다못해 관상만 봐도 미래가 보이는 점쟁이처럼 남들의 내면을 잘 보게 되었거나 하는 건 아니다. 그저 나 자신에 대한 이해의 폭이 2차선에서 4차선 정도로 확장되었으며, 그로 인해 남들이 주입한 가짜 행복이나 성공의 의미 말고 내가 정의하는 것들을 영혼 한가운데 문신처럼 새기게 되었음이 전부다.

그리고 그것으로 충분하다. 그건 말하자면 최고 명문대학에서도 배울 수 없는 인생의 지혜, 세계 일주를 다섯 바퀴 해도 얻지 못할 귀한 가치이기 때문이다.

써라, 길이 보일 때까지

　인생으로부터 아무리 멀리 도망쳐봤자 결국 닿는 곳은 내 안이라는 사실, 나는 쓰면서 배웠다. 20대 청춘의 시절 남들보다 뒤척거림이 심한 나는 혼자 여행을 자주 했는데 어느 날 싸구려 게스트하우스에 앉아 노트를 펼치다 문득 그런 생각이 들었다.

　내가 얻으려는 것들, 결국 서울집 내 방안에서도 얻을 수 있는 것 아닐까? 내가 얻고 싶은 것들, 내가 원하는 그곳으로 떠난다고 과연 얻어지는 걸까?

　그 이후로 나는 서울 집에 돌아와 취직했고, 더욱 열심히 글을 썼다. 낮에는 평범한 직장인으로 밥벌이를 했고, 밤에는 다시 밝아올 낮의 나를 단단히 지켜내려고 글을 썼다.

　내가 지금까지도 끝없이 글을 쓰는 이유? 내 삶이 너무 소중하고, 내 행복도에 기여하기 위해서가 가장 큰 이유겠지만 정리해보면 다음과 같은 이유가 있다.

　첫째, 흔들림 없는 삶을 위해서

　둘째, 나를 성찰하기 위해서

　셋째, 나를 지켜내기 위해서

글로 엮어 흔들림 없이 단단한 삶을 만들기 위해, 앞으로도 열두 번은 더 변할 나를 계속 관찰하며 지지하려고, 마지막으로 아슬아슬한 이 시대 이 도시에서 스스로를 지켜내기 위해서 나는 오늘도 글을 쓴다.

길이 보이지 않는 사람들이 많을 것이다. 주변이 온통 잡초투성이이거나 덤불에 가려져 있다고 여겨지는 이들도 많을 것이다. 그럴 때일수록 세상의 온갖 것들이 우리를 유혹한다. 이걸 하면 인생이 바뀌어, 이걸 통해 순간을 잊을 수 있어, 알코올, 니코틴, 도박, 폭력, 영혼 없는 사랑, 조건뿐인 결혼, 인생을 바꿔주거나 고통을 망각한다며 나를 궁지로 모는 것들이 얼마나 즐비한가?

하지만 언제나 해답은 내 안에 있다는 사실을 명심해야 한다. 다른 누군가나 어떤 무언가가 나를 바꿔주고 지켜낼 수는 없다. 길을 찾아낼 힘은 결국 내게 달려있는데, 서울에서 부산 가는 길도 내비게이션 없이는 복잡한데 하물며 80년 인생길은 오죽할까? 그 길고 복잡한 길을 잘 찾기 위해 끝없이 스스로 대화하면서 가자는 이야기다. 평범한 머리로는 암산할 수 없는 수학방정식을 노트에 풀듯 우리 인생 방정식도 글로 풀어내 보자는 말이다.

어쨌든,

그래서 나는 오늘도, 쓴다.

4	주		완	성					
셀	프	헬	프		글	쓰	기		프	로	그	램	-
자	아	탐	색		편				

1주차 -과거

월요일	출생부터 현재까지의 인생 연대기를 작성해보라. 가장 중요한 사건들을 시간의 순서대로 나열하라.
화요일	가장 가까운 사람들-부모님, 주 양육자, 형제 자매 등-에 대해 자세히 묘사해보라. 특히 그들에게 느끼는 나의 감정 위주로 솔직히 표현한다.
수요일	어른이 되어서도 잊히지 않는 어떤 사건이 있는가? 그때의 나에게 편지를 써보자.
목요일	13세 이전에 가장 행복한 기억은 무엇인가? 5개만 적어보자. (당시의 상황, 느낌, 주변 인물 등)
금요일	10년 전의 나와 현재의 나, 10년 후의 나를 각각 한 문장씩으로 표현한다면 무엇일까?

2주차 -현재

월요일	나의 강점과 약점을 자세히 분석해 정리해보라.
화요일	당시에는 성공이라 여겼으나 돌아보니 인생에 크게 중요하지 않았던 것들, 실패라 생각했으나 결과적으로 나를 성장시킨 사건들을 글로 풀어보라.
수요일	다시 태어날 수 있다면 어떤 삶을 살아보고 싶은가? 그 이유는?
목요일	인생을 지탱하는 가치 5개는 무엇인가? 그 가치를 지키기 위해 어떤 노력을 기울이고 있는가?
금요일	지금까지의 직업 경험을 나열해보라. 그 경험들로부터 얻은 가장 큰 배움은 무엇인가?

3주차 - 현재

월요일	지극히 객관적인 '나'를 묘사해보라. 직업, 나이, 성별, 국적, 학력 등.
화요일	지금까지 중도 포기한 공부나 기술 등에는 무엇이 있는가? 포기한 이유와 포기하지 않았을 때 달라졌을 인생을 동시에 그려보라.
수요일	아무에게도 털어놓지 못한 '은밀한 꿈'은 무엇인가? 허무맹랑하거나 스스로 실현 가능성 제로라 여겨도 상관없다. (예-아이돌 가수가 되고 싶다, 소림사에서 중국요리를 배우고 싶다, 직장을 때려치우고 남미를 떠돌고 싶다 등등 무엇이든)
목요일	나의 행복도는 몇 %인가? 내 인생의 만족도는 몇 %인가? 그 이유는?
금요일	루틴한 하루를 시간의 순서대로 작성해보라.

월요일	정확히 1년 후 나는 누구와 무엇을 하며 시간을 보내고 있을까?
화요일	3년 후를 위해 현재 공들이고 있는 것들은 무엇이 있는가? 3가지만 적어보자.
수요일	20년 안에 내 삶에 일어날 사건 10개만 적어보자.
목요일	지금까지의 삶으로부터 얻은 가장 큰 교훈 세 가지는 무엇인가? 어떤 사건 혹은 사람이 내게 그것을 가르쳐주었는가?
금요일	나의 묘비명과 유언장을 작성해본다. 한 줄이든 열 줄이든 상관없다.

Chapter

02

치 유 의 글 쓰 기

글쓰기,
세상에서 가장 강력한
치유의 도구

고대 테베 도서관에는 '영혼을 치유하는 장소'라는 글귀가 적혀있었다고 한다. 우리가 가늠조차 하기 힘든 고대부터 책은 누군가의 영혼을 토닥여주는 치료제로 쓰인 것이다. 우울, 고독, 불안, 절망… 응급수술로도 불가능한 마음 환자들이 책을 통해 얼마나 많이 완치 진단을 받았을지를 떠올려본다. 그런데 '읽는' 책보다 더 강력한 치유를 가능하게 하는 것이 있다. 바로 '쓰기'다.

방송인 허지웅의 『버티는 삶에 관하여』라는 책에서 내가 가장 인상 깊었던 구절은 다음과 같다.

"마음속에 오래도록 지키고 싶은 문장을 한 가지씩 준비해놓고 끝까지 버팁시다. 우리의 지상 과제는 성공이나 이기는 것이 아닌 끝까지 버텨내는 것이 되어야 합니다. 마지막 순간까지 버티고 버텨 남 보기에 엉망진창이 되더라도 나 자신에게는 창피한 사람이 되지 맙시다."

그는 "이제 와 나는 글을 쓰지 않으면 그냥 방송 건달일 뿐이다"라고 말하며 누군가에게 자신을 소개할 때 "글 쓰는 허지웅입니다"라고 소개한다고 한다. 아마도 글쓰기가 가진 치유의 힘을 강력히 알고 있지 않나 싶다. 왜냐하면 글쓰기야말로 '끝까지 버티는 힘'을 마련해주기 때문이다. 마지막까지 나를 놓지 않게 단단히 붙들어주기 때문이다.

글쓰기, 주도적인 자기 혁명

여자들은 보통 수다의 힘에 대해 잘 안다. 직접적인 도움이 되든 안 되든 마음이 맞는 친구들과 삼삼오오 모여 쌓인 이야기를 풀어낼 때의 그 통렬함을 너무 잘 안다. 단지 썰을 푸는 것만으로 스트레스가 풀리고 엔도르핀이 샘솟는 그 기분. 마약 같은 그 맛을 끊을 수가 없어 여자들의 수다는 인류가 존재하는 한 계속될 것이다. 그런데 글쓰기는 그보다 더 강한 카타르시스를 가능하게 한다. 슬프고 답답한 날 노트를 펼쳐놓고 마구잡이로 마음을 써내려간 적이 있는 사람이라면 이해할 것이다. 그 아무것도 아닌 행위가 얼마나 큰 위로가 되는지. 읽기가 작가의 생각을 내 안에 받아들이는 과정이라면 쓰기는 내 생각을 나에게 털어놓는 과정이기 때문이다. 그런 의미에서 글쓰기는 그 자체로 기도이자 명상이다.

내가 참 좋아하는 작가 김연수의 『청춘의 문장들』이라는 책이 있다. 방황하는 청춘들에게 위로를 주는 책으로 지금도 계속해서 읽히는 스테디셀러다. 책에서 김연수는 평범한 회사원에서 소설가가 되기까지의 내적 외적 과정을 적나라하게 적고 있다. 그는 이렇게 말한다.

"그즈음 나는 내게 돈도 명예도 가져다주지 않을 것이며, 그렇다고 해서 사회나 문학을 쇄신하는 사상이 담기지도 않을 게 분명한 장편 소설을 쓰고 있었다. 퇴근한 뒤, 12시부터 새벽 2시까지 매일 써내려갔다. 그렇게 한 달 정도 썼을 때쯤이었다. 컴퓨터를 바라보다가 고개를 들었더니 밤하늘이 보였다. 문득, 고독해졌다. '나는 지금 소설을 쓰고 있다' 오직 그 문장에만 해당하는 일을 하고 있었다. 그저 '나는 지금 소설을 쓰고 있다.' 그 문장뿐이었다. 그리고 그때까지 살아오면서 받았던 모든 상처는 치유되었다."

글을 쓰며 종종 이 문장을 떠올렸다.
'그리고 모든 상처는 치유되었다.'
더 무슨 말이 필요할까? 글로써 치유를 경험한 사람이라면 이 문장에서 뭉클함을 느낄 수밖에 없을 것이다. 때론 쓰는 행위 자체만으로 마음이 녹기도 한다. 어쨌든 내가 존재하고 있음을 깊이 느낄 수 있기 때문이다.

글쓰기로 삶이 달라질까? 나는 100% 확신한다. 달라진다, 그것도 아주 명확하게. 쓰기를 통해 인생의 변화를 경험하지 못하는 것은 제대로 쓰지 않았기 때문이다. 제대로만 쓴다면 글쓰기는 세상에서 가장 강력한 자기치유의 도구가 된다. 영원히 나를 배반하지 않는 삶의 동반자이자, 언제 어디서든 든든히 의지할 수 있는 멘토 역할을 한다.

글쓰기는 수동적인 행위가 아니다. 종이 위에서 펼쳐지는 적극적이고 주도적인 자기 혁명이다. 나는 감히 글쓰기야말로 100번의 심리치료에 버금가는 치유와 자유를 가능하게 한다고 말하고 싶다. 내가 그것을 충분히 경험했기 때문이다.

글쓰기로 버틴 나의 청춘

20대의 나는 지금과는 사뭇 다른 모습이었다. 말하자면 내 청춘은 아주 긴 겨울 같았는데, 나는 시종일관 눈보라 치는 겨울 거리를 7센티 하이힐로 힘겹게 걷는 기분이었다. 돈도 없고, 배경도 없고, 사람도 없었다.

내 20대 역사는 그야말로 '노동의 역사'라 할 만한데, 단 하루도 쉼 없이 돈을 벌기 위해 - 일의 의미와 가치 따위는 모르겠고, 오로지 먹고살기 위한 목적으로 - 젊은 육체를 노동현장으로 내몰았기 때문이다. 투잡, 쓰리 잡까지 뛰어도 학자금 대출금과 생활비와 월세를 감당하기가 버거웠다. 상황이 상황인지라 돈 드는 다른 취미는 언감생심 고려도 안 해봤고, 동네도서관과 학교도서관에서 허겁지겁 책을 읽고 밤마다 노트나 노트북에 글을 써내려갔다. 우스갯소리로 "세종대왕님이 없었으면 나는 열 번 죽은 목숨"이라고 이야기를 하는데, 그건 사실 순도 100%의 고백이다. 냉기 서린 월세방에서 혼자 글을 끄적이는 시간이 없었더라면 안팎으로 매섭기만 하던 내 젊은 날을 어떻게 감당했을까 싶다. 앞서 김연수 작가처럼, 오로지 '쓰고 있다'는 행위만이 나를 위로하던 날들이었다.

향긋한 차를 끓인다. 노란 불빛의 스탠드를 켠다. 앉은뱅이책상 위로 노트북을 펼친다. 하얀 백지 위에 앙증맞은 커서가 깜박인다. 그리고 나는 글을 쓴다.

이 짧은 행위는 세상의 소음이 차단되고 나만의 천국에 고립되기 위한 의식. 그 순간만큼은 그 외의 것들은 아무 의미가 없거나, 오로지 글을 쓰는 그 순간을 위해서만 의미를 가지는 것 같았다. 그렇게 백지 위에 하루를 나열하고 마음을 차곡차곡 정리하다 보면, 기댈 곳 없이 힘겨운 일상도 코끝 시리게 추운 월세방도 제자리에서 뱅뱅 돌 듯 길을 찾지 못하는 내일도 아무럼 상관없는 것 같았다. 또 서울 어딘가에 영영 내 집을 갖지 못하거나, 학자금 대출을 10년간 못 갚거나, 투잡에 쓰리잡, 주말까지 반납하며 희망고문을 당하고 사는 것도 별로 중요한 일 같지 않게 느껴졌다.

담담히 글을 쓰며 매우 자주 그런 생각에 잠겼다.

'이대로 평생 산다 해도 크게 나쁘지는 않겠구나. 글을 쓰며 산다면 적어도 마음이 가난하지는 않겠구나.'

그렇게 글을 쓰며 갈팡질팡, 울퉁불퉁한 청춘을 무사히 넘겼다. 내 청춘에게 가장 자랑스럽고 대견한 점은 단 하루도 빠짐없이 일기를 썼다는 것이다. 단순히 하루를 어떻게 보냈는가를 적기도 하고, 특별한 사건을 경험한 날은 그에 따른 감상을 길게 정리했다. 스스로 주제를 던져주고(예를 들면, '내가 생각하는 성공이란?', '나의 행복리스트' 등) 글을 쓰기도 했다. 분노와 우울함이 가득한 날은 그냥 한바탕 욕지거리를 적기도 했다(알게 뭐람, 해킹 안 당하게 나만의 비밀일기장에 손으로 꾹꾹 눌러 작성했는데). 내가 했던 과정이 심리치료의 한 기법이며, 일찍이 미국에서 발달한 '독서치료', '시 테라피', '저널 쓰기' 등의 한 갈래임은 아주 나중에 알았다. 마음 밑바닥까지 내려가 스스럼없이 썼던 글들이 다름 아닌 '치유의 글쓰기 과정'이었던 셈이다. 누구의 강요도 없이 기꺼이 즐겁고 보람되게 그 일을 10여 년 이상 지속하며 아주 강한 마음의 내공을 쌓았다고 자부한다. 내게 그 과정은 서툴지언정 자기감정의 주인이 되기 위한 연습이었다. 그리고 지금의 나는 충분히 내 감정의 주인이 되었다. 내 인생의 주인공이 되었다.

이렇듯 치유를 위한 글쓰기의 첫 단계는 바로 날 것 그대로의 감정을 파헤치는 것이다. 무언가에 고통받고 있다면 그 뿌리를 캐내고 끈질기게 탐색하며 마음의 롤러코스터를 관찰해야 한다. 더하거나 빼지 말고 솔직하게 감정을 쓰는 것이 중요하다. 흘러나오는 자연스러운 마음을 거침없이 적어 내려가는 것이다.

우리의 마음속에는 누구도 침해할 수 없는 자기만의 공간이 있다. 현대인이 숱한 마음의 병에 시달리는 것은 자기만의 방문을 두드리는 시간이 적기 때문 아닐까? 쓰기란 적어도 쓰는 그 순간만큼은 자기만의 공간에 저벅저벅 걸어 들어가 문을 걸어 잠그는 행위다. 오로지 자신과 독대하며 깊이 소통하는 글쓰기. 이 매혹적인 치유행위는 일단 시작하면 쉽게 그만둘 수가 없다. 한 번도 안 하거나, 평생 지속하거나. 둘 중 하나가 될 것이다.

오늘부터 당장 노트를 펴고 나만의 치유의식을 시작해보자. 매일 '진짜 나'와 만나라. 매일 용기를 내고 매일 더 나은 삶을 위해 전진하라. 그렇게 트라우마를 치료하고, 강한 항체를 키워 누구도 다시는 내 허락 없이 내게 상처 주지 못하도록 만들라. 이것이 바로 치유의 글쓰기 핵심이다.

    나는 지금 여러분을 고통 속으로 밀어 넣으려 하고 있다. 고통과 아픔을 주는 것들을 몽땅 끄집어내 들여다보라는 잔인한 주문을 하고 있다. 정말 쉽지 않은 일이고, 어쩌면 세상에서 가장 힘든 작업이다. 그런데 이 작업이 '치유의 글쓰기' 과정에 반드시 필요한 이유는 그것을 통과한 뒤에 얻어지는 내면의 풍경 때문이다. 곪고, 찢어지고, 스스로 엉성하게 꿰맨 자리를 자세히 들여다봐야 다시 정확한 처방을 내리고 약을 바르며, 필요하면 긴 시간 치료에 들어갈 수 있다.

    프랑스의 저명한 심리학자 크리스텔 프티콜랭Christel Petitcollin 역시 '변화에 있어 가장 필요한 것은 슬픔'이라고 말했다. 슬픔은 새로운 상황을 준비하는 과도기로, 인생의 다음 페이지를 넘기는 데 반드시 필요한 감정이라고 말이다.

    이 글을 하루아침에 쓸 필요도 없으며, 쓰기도 불가능할 것이다. 호흡을 길게 한 뒤 인생을 도화지처럼 넓게 펼쳐 잔잔히 들여다보라. 고통을 주는 것들 가운데 의미가 있을 것이다. 슬픔을 통과해야 결론을 얻을 것이다. 아픔을 떠들어야 잠잠해질 것이다.

나에게 슬픔/고통을 주는 100가지 목록

01 초등학교 1학년 때 내 앞에서 크게 다친 동생의 모습. 뼈가 드러날 정도로 다친 동생을 부축하며 맨발로 엄마에게 달려갔던 기억.

02 초등학교 시절, 비가 무섭게 퍼붓던 어느 날 아무도 우산을 가지고 나를 데리러 오지 않은 기억. 친구들은 전부 집으로 돌아가고 나만 하염없이 교실에 남아 비가 그치기를 기다리던 시간.

03 중학교 2학년 때 오해를 받아 친구들에게 왕따를 당한 적이 있다. 몇 달 뒤 오해가 풀렸고 친구들의 사과를 받았지만 몇 달간 따돌림을 당하며 혼자 지낸 기억은 오랫동안 나를 괴롭혔다.

04 교통사고 후유증으로 돌아가신 할아버지의 장례식장. 그동안 자주 찾아뵙지 못했다는 후회와 안타까움이 더해져 슬픔이 배가 됐다.

05 ……

손으로 하는 명상, 필사

대학 새내기 시절 김승옥의 단편소설 『무진기행』을 필사한 적이 있다. 무수한 소설들 가운데 왜 하필 『무진기행』이었는지는 기억에서 지워졌지만, 방바닥에 배를 깔고 사각사각 연필 소리를 내며 노트를 까맣게 채우던 당시의 풍경은 어제처럼 생생하다. 돌아보니 참 행복했었다. 인생을 통틀어 가장 근사한 기억 중 하나다.

종이 냄새, 연필 소리, 소설 내용, 배경음악… 모든 상황이 영화세트장의 그것처럼 나를 위해 완벽히 준비된듯한 황홀경에 빠져들었다. 사실 준비된 것이라고는 집에 굴러다니는 종이와 펜, 소설책 한 권이 전부인데도 그랬다.

구름 같은 평화, 필사의 즐거움을 만끽하다

이후 필사에 맛이 들린 나는, 정확히 말해 필사가 가져다주는 평화로움과 고요, 안정에 중독된 나는 틈나는 대로 시나 소설들을 필사했다. 이해인 수녀와 류시화 시인의 시집도 필사했고, 파트릭 모디아노Patrick Modiano의 『어두운 상점들의 거리』는 순전히 겉멋과 똥폼으로 필사했다. 모든 작품을 완벽히 옮겨 적은 것은 아니다. 몇 줄 쓰다 그만둔 것도 있고, 두 번 이상 필사한 것도 있다. 모든 건 주인장 마음대로. 강요나 의무로 인한 작업이 아니었기 때문에 최대한 '나' 위주로 움직였다. 이를테면, 예보에도 없던 비 소식에 마음이 센치해져 있는데 퇴근한 남편이 웬일인지 은은한 커피 한 잔을 테이크아웃해서 가져다준 날, 책상에 앉아 몇 시간이고 가만히 글을 베껴 적었다.

꽃내음이 진동하는 봄날, 구름이 유난히 하얗게 보이는 맑고 발랄한 날, 친구의 실연 소식을 전해 들은 날, 우연히 집어 든 소설에 영혼을 사로잡힌 날. 나는 여지없이 노트를 펼치고 글을 써내려갔다. 마음 가는 대로, 몸이 따라주는 대로 때론 10분을 쓰기도 하고, 3시간을 쓰기도 했다. 커피숍 창가에 자리를 잡고 앉아 쓰기도 하고, 낮잠 자는 아이를 바라보며 침대에 엎드려 쓰기도 했다. 무엇이 채워질지 모르는 하얀 종이처럼 이 작업 역시 모든 건 내가 만들어가기 나름이다. 어떤 글을 선택할지부터 어떤 장소에서 얼마만큼의 분량을 내게 할당할 것인지까지.

필사라는 명상

지금은 햇수로 4년째 성경을 필사하고 있다. 성경을 필사하기로 마음 먹은 것은 반드시 내가 기독교도여서만은 아니다. 나는 후에 불경도 필사할 계획이 있다. 나는 인류 역사상 가장 위대한 기록 중 하나로 꼽히는 경전을 쓰며 자주 발에 걸려 넘어지는 마음을 붙들고 싶었다.

언젠가 우울증을 심하게 앓은 어떤 여자가 몇 해에 걸쳐 성경을 필사하며 마음의 병을 씻어 버렸다는 이야기를 전해 들었다. 성경은 의심할 여지 없이 훌륭한 경전임이 분명하지만 비전문가가 읽었을 때 난해하고 복잡한 구석이 많다. 따라서 함의를 헤아리지 못하면 마음에 콕 박히지 않는다. 그 여자가 성경이라는 방대한 서적을 필사하며 마음을 치유한 것은 성경이 주는 지혜의 잠언들도 물론이겠지만 아마도 필사라는 행위 자체가 가져다주는 위로의 기능 때문이 아닐까 싶다.

『오늘, 행복을 쓰다』라는 필사책이 있다. 저자는 5년간 극심한 우울증과 공황장애를 앓고 있었다. 그러던 중 아들러의 책을 만나 자신을 불행하게 만드는 뿌리를 캐내는 작업을 시작한다. 그녀는 아들러 책 14권을 찾아 읽고 좋은 글귀들을 필사하면서 결국 지독한 병을 이겨냈다. 반복해서 쓴 것들은 머리에 외워졌고, 머리에 외워진 것은 가슴에 내려왔으며, 가슴에 내려온 것은 문제 상황에 닥칠 때마다 자연스럽게 적용되었다고 한다. 그렇게 '나'를, 내가 처한 '상황'을, 모든 이들에게 다 있게 마련인 어느 정도의 불행과 아픔을 다스리게 되었단다.

나는 임신한 기간에도 이틀에 한 번꼴로 성경을 필사했다. 하루에 한 시간 이상은 쓴 것 같다. 아직 철없고 어린 내가 엄마라는 높은 이름을 가질 자격이 되는지 두려움과 의심이 밀려올 때마다 성경을 펼치고 펜을 들었다. 그러면 신기하게도 마음이 고요하고 차분해지면서 감정의 해일이 잠잠해졌다. 방안 가득 쓱쓱 새끼손가락이 노트를 훑고 지나는 소리와 함께 성경을 넘길 때 몸과 마음에 전해지던 그 편안한 감각. '아, 이건 마치 하나의 명상 같구나'라는 생각을 곤잘 했다.

아이를 낳고 나서는 육아로 인해 피폐(?)해질 때마다 주로 필사를 했다. 낮에는 아이에게 버럭버럭하고, 밤마다 이불킥을 하거나 괴로움 속에서 반성하는 '낮버밤반(낮에는 버럭하고 밤에는 반성하는)'의 일상을 보낼 때마다 안정제를 맞듯 필사를 했다. 그러면 생각이 정리되며 나 자신과 현재 상황을 돌아볼 수 있게 되었다. 가끔은 손만 기계처럼 움직일 뿐 머리는 하얗게 비워져서 그게 또 나를 편안하게 만들었다. 말하자면 명 때리고 싶은 날에도 필사는 꽤 효과적인 셈이다. 왜 그런 날이 있지 않은가? 머리 안 쓰고 그냥 단순노동하며 나를 둘러싼 전경을 잊고 싶은 날. 그럴 때 누군가는 종이를 잘게 잘게 자르기도 하고, 누군가는 손톱을 질겅질겅 씹어 먹기도 한다. 커피숍에 앉아 빨대를 하염없이 뱅뱅 돌리는 여자도 봤고, 동전을 한 움큼 쥐고 인형 뽑기에 심취한 남자도 봤다. 그보다는 방안에서 혼자 필사에 몰입하는 것이 좀 덜 신경쇠약증 환자처럼 보이지 않을까 싶다.

어쨌든 지금의 나는 지루하거나, 두렵거나, 불안하거나, 흥분되거나, 자만하거나, 적적할 때마다 필사하고 있다. 성경을 꺼내 한 자 한 자 옮겨 적을 때마다 폭신한 구름 위에 앉아 평화를 만끽하는 기분이 든다.

3년 넘게 성경이라는 단 한 권의 책을 필사하며 이전과는 다른 종류의 인내도 배웠다. 아무리 열심히 써도 줄어들지 않는 페이지를 보면서도 내가 할 수 있는 일은 묵묵히 한 글자씩 손으로 옮겨 적는 것이 전부다. 우리가 인생 속에서 겪는 모든 고통과 희생의 과정도 이와 비슷하다. 건너뛰거나 외면할 수 없고 그 과정을 온몸으로 통과해야만 다음 단계가 가능하다. 창세기를 쓴 뒤 요한계시록으로 넘어간다면 누구도 성경을 필사했다고 인정해주지 않을 것이다. 나이를 먹을수록 가타부타 말없이 견뎌내야 하는 순간이 많아진다. 자갈길이라 해도 유일하게 가진 신이 하이힐이라면 또각또각 전진해야만 하는 시간이 있다. 누군가 내게 공개적으로 '느리고 지루한 그 비생산적인 일'을 왜 하느냐 물은 적이 있지만 나는 그 '미련한 일'로 인해 참 많은 것을 배웠다.

세상 하나뿐인 나만의 잠언집

글쓰기에 자신 없는 사람에게도 필사는 좋은 공부다. 천천히 따라 쓰는 과정에서 작가의 문장력과 표현력, 작품 내용, 구성 등 많은 것이 저절로 습득되기 때문이다.

중학교 때 영어 선생님은 꼭 같은 문장을 서른 번씩 반복해서 쓸 것을 강요하셨다. 일명 '깜지'를 만들어서 제출해야 제대로 예습복습을 했다고 인정해주셨다. 반복적으로 쓰는 과정에서 문장의 구조와 성분, 표현과 단어를 익힐 수 있을 것으로 생각하신 것이다. 필사도 이 논리와 일치한다. 표현이 풍부하고 깊어 생각에 잠기기 좋은 시는 시대로, 호흡이 긴 대신 쓰는 즐거움을 선사하는 소설은 소설대로 각기 다른 배움을 선물한다.

한 권의 책을 통째로 쓰기 부담스럽다면 책을 읽다가 마음에 박히는 글귀들을 따로 갈무리해두는 것도 좋다. 작은 노트를 준비해 나만의 잠언집을 완성해보는 것이다. 스무 번을 읽어도 행복해지는 생텍쥐페리Antoine Marie Roger De Saint Exupery의 『어린 왕자』, 시공간을 초월해 지혜를 주는 마르쿠스 아우렐리우스Marcus Aurelius Antoninus의 『명상록』, 용기와 힘을 주는 아들러의 문장들과 우리를 언제나 꿈꾸게 하는 윤동주의 시들까지. 같은 책을 읽어도 느끼는 바는 각자 다르기에 다른 누구도 아닌 '나'를 울리고, 웃기고, 살리고, 깨우는 글들을 모아서 정리하는 것은 아주 의미 있는 작업이다.

흔히 필사는 손끝으로 하는 사유라 칭해진다. 해본 사람은 안다. 그 느리고 잔잔한 행위가 왜 치유가 되고 에너지로 전환되는지. 누군가는 속도가 곧 경쟁력이자 돈이고 결과이자 성과인 디지털 시대에 왜 쓸데없는 짓을 하느냐고 반문할지 모른다. 선택은 개인의 몫이고 취향도 개인의 것이기에 누가 옳다 그르다 한다는 것이 애초에 불가능하다. 하지만 이 아날로그적 행위가 보장해주는 마음의 평화를 한 번쯤은 누려봤으면 좋겠다. 늘 성급하고 불안한 나 자신이 한 그루 나무처럼 우직해지는 것 같은 근사한 기분이 들 것이다.

아직 완성되려면 몇 년의 시간이 더 걸릴 것이다. 나의 성경 필사 이야기다. 앞으로 얼마의 시간이 더 걸릴지는 미지수이지만 확실한 것은 그것이 완성될 무렵 내 마음도 한층 성숙해지고 자잘한 생채기와 잡념들도 일단락되리라는 것! 그리고 내 삶의 연대기도 전환을 맞이할 것을 알고 있다.

필	사	하	기		좋	은		책
서	른		권					

이 계절, 필사를 통해 행복의 감각이 깨어나는 소리를 들으시기를! 눈과 손가락이 종이를 스치는 촉감은 고스란히 느끼시고, 귀와 입은 세상의 소음과 공해로부터 닫아두시기를. 그리하여 시간과 공간을 뛰어넘은 나만의 세계로 진짜 여행을 떠나시기를 간절히 바라본다.

필사를 처음 시작하는 분들에겐 책을 고르는 일도 번거롭고 고민되는 과정이기에 이곳에 필사하기 좋은 책 서른 권을 소개한다. 내가 필사를 진행했던 책, 감동 있게 읽은 책, 책 좀 읽는다는 주변 지인들에게 추천받은 책 등 한 권 한 권 검증된 책만을 정성껏 골라 실었다.

이 책들로 필사의 즐거움을 만끽하시고, 더 행복해지는 삶의 방식 한 가지를 배우셨으면 좋겠다.

피천득. 『인연』. 샘터

이해인. 『꽃이 지고나면 잎이 보이듯이』. 샘터

법정. 『무소유』. 범우사

헨리 데이비드 소로Henry David Thoreau. 『월든Walden』. 은행나무

버트런드 러셀Bertrand Russell. 『행복의 정복Conquest of happiness』. 사회평론

아베 피에르Abbe Pierre. 『단순한 기쁨Memoire d'un Croyant』. 마음산책

김훈. 『자전거 여행』. 문학동네

헬렌 니어링Helen Nearing. 『아름다운 삶, 사랑 그리고 마무리Loving and leaving the good life』. 보리

에크하르트 톨레Eckhart Tolle. 『지금 이 순간을 즐겨라Practicing the power of now』. 양문

달라이 라마Dalai Lama. 『달라이 라마의 행복론(The) Art of happiness』. 김영사

에리히 프롬Erich Pinchas Fromm. 『사랑의 기술(The)art of loving』. 문예출판사

공자. 『논어』. 글항아리

장자. 『장자』. 현암사

시
―

김용택.『시가 내게로 왔다』. 마음산책

이해인.『작은 위로』. 열림원

도종환.『담쟁이』. 시인생각

나태주.『꽃을 보듯 너를 본다』. 지혜

파블로 네루다Pablo Neruda.『스무 편의 사랑 시와 한 편의 절망의 노래Selection of poems』. 민음사

라이너 마리아 릴케Rainer Maria Rilke.『소유하지 않는 사랑Reiner Maira Rillke : S゛゛amtliche Werke. Hrsg. Rilke-Archiv in Verbind』. 고려대학교출판부

윤동주.『하늘과 바람과 별과 시』. 더스토리

소설

생텍쥐페리Antoine Marie Roger De Saint Exupery.『어린 왕자Le Petit Prince』. 열린책들

J.M.데 바스콘셀로스J. M. de Vasconcelos.『나의 라임오렌지 나무O meu pe de laranja lima』. 동녘

니코스 카잔차키스Nikos Kazantzakis.『그리스인 조르바Zorba the Greek』. 열린책들

쉘 실버스타인Shel Silverstein.『아낌없이 주는 나무The Giving Tree』. 시공사

미하엘 엔데Michael Ende.『모모Momo』. 비룡소

구로야나기 테츠코くろやなぎてつこ.『창가의 토토窓ぎわのトットちゃん』. 프로메테우스 출판사

박완서.『그 많던 싱아는 누가 다 먹었을까』. 웅진지식하우스

루쉰魯迅.『아Q정전阿Q正傳』. 창비

김승옥.『무진기행』. 문학동네

미치 앨봄Mitch Albom.『천국에서 만난 다섯 사람 (The) five people you meet in heaven』. 살림

김재진.『잠깐의 생』. 꿈꾸는서재

인생에
한순간 위로가
필요할 때

우리는 모두 어떻게 '치유'가 이루어지는지 확실히 알고 있다. 어떤 과정이 우리로 하여금 상처를 어루만지고 다시 살아갈 힘을 전해주는지 잘 알고 있다. 문제는 그 과정에 산 같은 용기가 필요하다는 것이다. 엄청난 결단력과 배짱, 용기, 상처를 치유하고 말겠다는 의지가 합쳐져야 비로소 시작할 수 있다. 출발선상까지 가는 길이 이토록 험난하다 보니 대부분의 사람은 누덕누덕 꿰매놓은 상처를 쳐다볼 엄두도 못 낸다. '누구나 상처를 안고 살아간다'거나 '시간이 약'이라는 어설픈 자기합리화로 고통을 외면하고 최대한 연장한다.

'나'를 드러내는 순간 치유는 시작된다

나 역시 그랬다. 순간을 모면하는 것으로 아픔을 다스렸다. 머리는 방법은 알았지만, 마음도 육체도 치유를 시작할 용기는 내지 못했다. 20대의 나는 그래서 많이 우울했다. 청춘이라는 단어는 내게 밝고 긍정적으로만 다가오지 않는다. 겨우 스물 몇 살에 나는 이미 낡고 지쳐있었다. 치유 안 된 유년기의 상처와 그것을 질질 끌고 살아가며 자신을 할퀸 흔적들까지 더해져 곯고 짓물러있었다. 문제는 그때까지 내가 단 한 번도 다른 누군가, 혹은 나 자신에게 내 아픔과 상처를 고백하고 도움을 요청하지 않았다는 사실이다. 그래 봐야 아무 소용없다는 아집과 편견이 크게 한몫한 셈이다. 오죽하면 심리상담사를 처음 찾아간 날 이렇게 말했을 정도다.

"제 상처를 치유하겠다는 생각은 버리시는 게 좋을 거예요. 제가 잘 알지만 제 상처는 치유가 불가능해요."

나 같은 유형의 내담자는 가장 복잡하고 어려운 케이스다. 마음의 문을 닫고 열어줄 생각도 없으면서 상담사는 찾아가서 뭘 어쩌겠다고. 그런데 이후 이어진 상담사의 말들이 아직도 귓전을 때린다. 그녀는 공격적이면서도 방어적인 나를 가만히 지켜본 뒤 아주 차분하지만 권위 있는 말투로 이렇게 이야기했다.

"어려운 길은 있어도 불가능한 길은 없더라고요. 어떤 상처든 그게 누구이든 스스로 치유가 가능하다고 믿는 사람들은 전부 치유가 된 것을 경험했어요."

그 두 마디 앞에 나는 와르르 무너져버렸다. '가능하다 믿으면 실제로 가능하다'는 너무나 평범하고 진부한 조언 앞에서 이상하게도 눈물 콧물 범벅이 되어 꺼이꺼이 한참을 울다 나왔다.

그날 나는 끝까지 내 이야기를 솔직하게 고백하지 못한 채 집에 돌아왔다. 타인에게 나를 드러낸다는 것이 너무도 두렵고 낯설었다. 하지만 그날을 계기로 엄청난 변화가 있었다. 일단은 가장 먼저 나에게 솔직해져 보기로 한 것이다.

나는 조금씩 기억을 더듬으며 거슬러 올라갔다. 어떤 기억은 닫힌 문 앞에서 차마 열어볼 엄두를 내지 못한 채 하염없이 서 있기만 했다. 어떤 기억은 근처에만 다가가도 불에 덴 듯 온몸이 뜨겁고 고통스러웠다. 어떤 기억은 저장과정에서 많이 왜곡되었음을 알게 되었고, 어떤 기억은 다시 돌이켜보니 충분히 이해가 가기도 했다.

직면하는 글쓰기

기억을 더듬으며 동시에 나는 감정을 파헤치는 글을 썼다. 더하거나 빼지 않고 당시 상황을 돌아보며 당당히 응시하는 글을 쓴 것이다. 감정을 다듬거나 문장을 미화시키지 말고 아주 솔직하게 나를 드러내야 한다. 사납고 무식하고 울퉁불퉁 너덜너덜해진 감정을 고스란히 껴안으며 글을 쓰는 것이다.

갑자기 떠나간 연인에 대한 상처가 있다고 하자. 그는 이미 다른 사람과 결혼하여 아이 낳고 잘 먹고 잘사는 중이다. 문제는 마음을 정리할 겨를도 없이 떠났기에 몇 년이 지나도 이별을 받아들이지 못하는 나 자신이다. 당시 상황에서 조금도 벗어나지 못했고 그 순간을 맴돌며 인생을 허비하고 있다. 술만 먹으면 보고 싶다가, 밤만 되면 증오가 차오른다. 어떤 날은 축복을 빌어주다가 어떤 날은 그리움에 목 놓아 운다. 이런 감정을 그대로 묘사해서 글을 써야 한다. 살기, 독기, 광기, 똘기 전부 끄집어내서 써야 마음을 치유할 수 있다. 담담히 떠나보낼 수 있다는 이야기가 아니다. 아프게 떠나보내게 되겠지만 다음 사랑을 시작할 용기를 낼 수 있게 될 것이란 이야기다.

나를 파헤치는 글쓰기는 외과수술과 흡사한 데가 있다. 일단은 열어봐야 한다. 찢고 피를 흘리고 상처를 확인해야 도려내고 약을 바르고 꿰매는 것이다. 나는 글을 쓰면서 심리학에서 흔히 하는 '내면 아이 어루만지기' 기법도 병행했다. 당시의 나에게 찾아가 부드럽게 속삭여준다. 두려움에 벌벌 떠는 어린아이를 꼭 안아주면서. '너 얼마나 무섭고 외롭고 아팠니. 하지만 걱정 마. 어른이 된 너는 그 시절을 아주 잘 견뎌냈어. 너는 정말 씩씩하고 용감한 어른이 되었어.'

『아직도 가야 할 길』을 쓴 정신과의사 스콧 펙Morgan Scott Peck은 이렇게 말했다.

"당신이 문제 해결에 참여하지 않으면 당신 자신이 곧 문제 일부가 되어버린다. 정당한 괴로움을 피하려는 시도는 모든 심리적 병의 원인이 된다."

"기계 고치는 데 시간을 들이지 않았기 때문에 내가 수리공으로서 역량이 부족한 것과 마찬가지로, 어떤 이들이 정신적 문제를 안고 있는 것은 그들이 인생에서 필요한 지적이며, 사회적이고, 영적인 많은 문제를 직접 해결하는 데 시간을 내지 않고 있기 때문일 것이다."

이제는 정말 때가 됐다. '나'를 위로해줄 때. 다른 누구도 아닌 '나'를 안아주고 이해하고 사랑해줄 때. 누구나 상처받은 내면 아이를 가지고 있다. 나는 이제야 당시 상담사가 했던 말을 알 것 같다. 너무 늦은 시기란 없다. 치유할 수 없는 상처도 없다. 단지 그것들과 직면할 결심을 내렸다면.

종이는 마음 놀이터

'쓰기 치료' 분야의 저명한 학자인 페니 베이커Penne Baker는 절망한 경험을 말이나 글로 옮기는 것이 인간의 생각과 감정, 육체 건강에 어떤 영향을 미치는가를 20년 이상 연구해왔다. 놀랍게도 쓰기를 통한 노출, 자기 고백은 면역체계를 변화시킬 정도로 엄청난 치유기능을 가지고 있음이 입증됐다. 처음 몇 차례 고백하는 동안에는 혈압, 심장박동률, 다른 심장 혈관의 변화가 오히려 증가했다. 그러나 계속해서 내면을 털어놓는 과정에서 혈압은 연구를 시작했을 때보다 낮은 수준으로 떨어졌고, 다른 면역기능들도 개선된 결과를 보였다. 사람에 따라 몇 주 혹은 몇 달 후에 육체적, 심리적으로 모두 건강이 현저히 좋아졌다.

그의 연구에 따르면 여러 종류의 치유 글쓰기 과정 가운데 가장 효과가 뛰어난 것은 진솔한 자기 고백형 글쓰기라고 한다. 우리가 지금까지 이야기한 '나 드러내기' 글쓰기 말이다.

일단은 종이를 마음 놀이터라고 생각해보자. 이건 나만이 방문할 수 있는 놀이터다. 지칠 때까지 신나게 놀아도 아무도 뭐라 하는 사람이 없다. 주저앉아 엉엉 울어도 핀잔주는 사람도 없다. 어릴 때 놀이터에서 아무 걱정 없이 시간을 잊고 놀았던 그 마음 그대로 편안하고 자유롭게 글을 써보자.

쓰기를 시작하고 누군가는 열흘 만에 삶이 바뀌기도 한다. 그러나 천 일을 써도 변화는커녕 점점 미궁에 빠진다고 느껴지는 사람도 있을 것이다. 그 차이는 '진실'이라는 두 글자에 있다고 본다. 얼마나 진실히 마음을 관찰했고, 풀어냈는가가 그 비결이다. 그러나 생각보다 시간이 좀 걸리더라도 조급해하지 말자. 나를 믿고 기다려주자. 상처와 직면하겠다는 결심

자체가 이미 변화의 시작이다.

　우리는 알고 있다. 진정한 글은 읽는 이를 고민하게 하고 또 자유롭게 만든다는 것을. 직면하는 글쓰기는 우리를 내면의 진정한 자유로 이끌 것이다.

이천 원짜리
치료사

캐슬린 애덤스Kathleen Adams는 그의 책『저널치료Journal to the self』의
첫 장에 글쓰기를 '이천 원짜리 치료사'라고 표현하고 있다. 무릎을 탁 칠
만큼 기막힌 표현이다.

"나는 거의 30년 동안 동일한 치료사에게 치료를 받고 있다. 이 치료
사는 하루 24시간 언제라도 내가 이용할 수 있으며, 30년 동안 휴가
를 간 적이 한 번도 없다. … 나는 내 치료사에게 무슨 이야기든 다 할
수 있다. 나의 치료사는 나의 가장 악하고 어두운 면에 대해서, 나의
가장 기괴한 상상에 대해서, 나의 가장 소중한 꿈에 대해서 조용하게
들어준다. 나는 이 모든 이야기를 내가 원하는 어떤 방식으로든 이야
기할 수 있다. 즉, 소리치거나 훌쩍거리거나, 몸부림을 치거나 통곡

하거나, 격분하거나, 크게 기뻐하거나, 거품을 물고 화를 내거나, 축하하거나 어떻게 말해도 된다. … 이쯤 되면 당신은 '이 치료사와 상담하려면 돈이 무척 많이 들겠지요?'라고 생각할 것이다. 천만에, 나의 치료사는 돈을 받지 않는다. 이 치료사는 어느 나라의 어느 도시에서든지 단돈 이천 원이면 살 수 있다. 이것은 바로 스프링노트에 적은 나의 저널(일기)이다."

쓰기의 유익에 관한 많은 연구와 논문자료를 통해 쓰기가 정서조절과 창조성에 탁월한 효과가 있음이 입증되었으니 '이천 원짜리 치료사'보다 정확한 표현은 없는 것 같다. 쓰기는 특히 혼란스러운 정서를 조직하는 데 도움을 줌으로써 감정이 뇌 구조에 잘 들어맞는 기억 형태로 압축되어 저장되도록 하고, 정서를 진정시키고, 분출시키는 데 탁월하다.(베스 제이콥스Beth Jacobs 『감정 다스리기를 위한 글쓰기Writing for emotional balance』중) 분노조절 장애, 우울증과 조울증, 불안장애 및 공황장애 등 내 마음이지만 좀처럼 내 마음대로 안 되는 내면에 접근하여 감정을 조절하는 데 효과적인 기능을 하는 것이다. 시간당 고가의 상담료도 필요 없다. 옷 차려입고 운전하고 심리센터까지 갈 정성의 절반도 필요 없다. 이천 원짜리 노트 한 권과 집에 굴러다니는 몽당연필 하나로도 충분하다. 구멍 난 티셔츠에 떡진 머리로 소파에 누워서도 상담이 가능하다. 이보다 멋진 조건이 어디 있겠는가?

스트레스를 줄여주는 글쓰기

모르긴 몰라도 현대인의 각종 질병 가운데 스트레스가 주된 원인인 경우가 절반 이상을 차지하지 않을까 싶다. 주변에도 화병과 스트레스로 인한 편두통, 호흡곤란, 식욕감퇴 및 복통 등을 호소하는 사람들이 꽤 많다. 그만큼 널리고 흔한 게 스트레스로 인한 육체의 크고 작은 질병이다. 그런데 글쓰기는 스트레스 해소에도 직접적인 도움을 준다. 글을 쓰면 명상할 때 몸의 상태와 굉장히 비슷해진다는 연구결과가 있다. 명상을 할 때 우리는 호흡이 느려지고 머릿속에서 단어들이 자유롭게 흘러가는 '존zone'으로 들어가게 된다. 의식 흐름 기법stream of consciousness writing이라 불리는 글쓰기 역시 마찬가지다. 이 글쓰기 방법은 물처럼 흘러가는 생각, 심상, 회상, 기억, 감정 등 마음에 떠오르는 것들을 서술하는 것인데 스트레스를 줄이는 데 큰 효과를 가진다.

아침에 배우자와 별것 아닌 걸로 한바탕 하고, 회사에서는 상사에게 된통 깨지고, 퇴근 무렵 어린이집에서는 아이가 다쳤다는 전화를 받은 날. 말하자면 스트레스 지수가 외출이 불가능한 미세먼지 지수만큼 극에 달한 날 이 '의식 흐름 기법'을 써먹어 보면 좋을 것이다.

'나는 지금 머리가 아프다. 아이가 다친 건 순전히 엄마인 내 탓 같기만 하다. 아니다. 남편 연봉이 조금만 높았어도 내가 돈 몇 푼 벌자고

회사 생활하진 않았을 것 같다. 그러니 근본적으로는 남편 탓이다. 아니다. 그는 늘 최선을 다해 살고 있다. 자신을 위해서는 양말 하나 비싼 걸 사지 않는 남자다. 나는 아침부터 왜 그렇게 잔소리를 한 걸까? 나는 아이에게도, 남편에게도, 회사에마저 별 도움이 안 되는 것 같다. 하지만 인생은 마라톤이다. 이 순간이 전부는 아니다. 서두름 없이, 그러나 머뭇거림도 없이 내 속도로 차근차근 발을 뗄 것이다.'

화내고 짜증 내고 자책하면 결국 화살은 내게 돌아오게 되어있다. 상황은 조금도 변하지 않고 오히려 악화된다. 그럴 땐 자신에게 딱 10분만 쉬어갈 시간을 허락하자. 아무것도 안 하고 백지에 생각을 정리하며 과부하 걸려 폭발 직전인 뇌에게 '멍 때릴 시간'을 허락하는 것이다. 그런다고 모든 게 없던 일이 되지는 않겠지만 잠시 멈춰 서면 때론 고장 난 기계도 돌아갈 때가 있다. 우리 엄마 말에 의하면 말 안 듣는 전자제품은 코드를 뽑았다 다시 꼽으면 십중팔구는 잘 돌아가는 법이다. 글쓰기는 이럴 때 진가를 발휘한다.

감사일기로 배우는
감동하는 기술

나는 자본금 없이 인생을 행복하게 만드는 일에 관심이 많다. 변화의 방법에 대해 고민한 뒤 직접 실천해보는 것만큼 짜릿한 일도 없다. 일단 돈이 안 드니까. 밑천 없이 시작했으니 실패해도 따지고 보면 플러스다. 그 과정에서 배운 게 훨씬 많기 때문이다. 그러고 보면 인생은 무수한 선택의 것들 가운데 유한한 '내 것'을 추려내는 과정이다. 하나둘 내가 원하지만 몸에 맞지 않은 것, 가질 수 없는 것, 욕심부려선 안 되는 것들을 골라내고 현재 상황과 조건에 부합하는 것들을 품는 법을 배우는 과정이 곧 인생 아닌가 싶다.

서론이 길었다. 밑천 없이 인생을 바꾸는 방법으로 나는 여러 가지 것들을 떠올리고 일부는 실천해봤다. 이를테면 다음과 같다.

1. 365일간 매일 아침 떠오르는 태양 사진 찍기.

2. 일주일에 한 번은 냉장고를 탈탈 털어 역사상 전무후무한 요리 개발하기.

3. 베란다 텃밭에서 다양한 식물 가꾸기.

4. 남편에게 매일 포스트잇 편지 남기기.

5. 우산 없이 비 맞기 놀이.

등등.

그리고 감사일기가 있다. 경험상 감사일기만큼 인생에 감동하는 기술을 직접적으로 가르쳐준 도구는 없었다.

성공도, 돈도, 명예나 지위도 행복이 아니라면 행복은 곧 '만족하는 마음'일 것이다. 그런데 알다시피 이 '만족'이라는 것이 그렇게 만만하게 얻어지는 게 아니다. 언제 어떤 일이 닥칠지 모르는 '돌발성 집중호우' 같은 인생 속에서 하루하루 주어진 일상에 감사하고, 오늘의 안위와 일용할 양식에 만족한다? 쉬운 일이 아니다. 그래서 나는 용접기술이나 목공기술처럼 인생에 감동하는 기술 역시 차근차근 배워나가야 한다고 생각한다. 이를 통해 현실에 만족하고 지금 순간에 담긴 즐거움을 만끽하는 법을 '발견'해야 한다.

독하게 행복하기

나는 행복에도 '독기'가 필요하다는 주의다. 세상만사 딱 노력한 만큼만 주어진다는 건 지난 시간들을 통해 충분히 배웠을 것이다. 우리는 대학입시, 취직이나 재테크는 독하게 해도, 그것들을 아우르는 궁극적 목표인 행복을 위해서는 독기를 품지 않는다. 간절히 원하여 쟁취하려 노력하지 않는다는 뜻이다. 그래서일까? 어른이 된 이후 많은 사람이 감동하는 법을 잊어버렸다. '와'하는 탄성의 순간은 점점 드물게 찾아온다. 소망을 품고 만족을 배우기란 다시 아이의 눈으로 세상을 보는 것만큼 어려워졌다. 감사일기는 이런 어른들에게 꼭 필요한 처방이다.

감사일기란 오늘도 무사히 저문 하루를 바라볼 수 있게 되었음에 감사하는 마음의 표현이다. 희귀질환으로 고통받는 인구가 전 세계 3억 5천만 명이라는데, 그중에 속하지 않았다는 사실. 교통사고는 물론 집 안에서도 넘어져 죽을 수 있는 것이 사람운명인데 그 운명의 덫에 걸려들지 않았다는 사실. 주택담보대출을 갚으려면 최소 10년은 더 일해야 하는데 회사에서 잘리지 않았다는 사실. 이런 건 전부 접어두고라도 내 아이가 오늘도 무사히 곁에서 잠들어 있다는 사실에 대해 감사하는 글이다.

감사일기에는 실제로 면역기능을 높이는 놀라운 비밀이 숨어있다. 한 실험에서 참가자들에게 20분씩 일주일에 3번, 3달 동안 자신의 긍정적인 면에 대한 글을 쓰게 했다. 그 결과 뇌의 한 부분인 전측 대상회가 긍정적인 부분에 관여하게끔 변화했다. 이 전측 대상회는 공포와 스트레스를 덜어주고, 신체적, 정신적 통증과 상실에 도움을 주는 역할을 담당하는 부분이다.

또 다른 실험도 있다. 심부전증을 겪고 있는 사람들에게 8주간 감사에 대해 더 많이 생각하게 한 실험인데, 그 결과 정상적인 심부전 치료를 받은 측에 비해 염증 표식 물질이 내려가면서 심장 위험이 보다 낮아졌다. 아무리 몸에 좋은 보약이나 값비싼 호텔 스파도 필요 없다. 단지 감사를 생각하는 것만으로도 몸과 마음의 건강이 좋아진다니 이 얼마나 감사한가.

나는 '감사일기'와 더불어 '순간일기'라는 것도 권하고 싶다. 순간일기는 '지금 이 순간'을 붙잡는 일기다. 동서양 고금을 막론하고 행복에 관해 전해지는 거의 유일한 진리는 '순간을 살라'는 것이다. 억만금을 쌓아놓고, 100세까지 건강하며, 권력의 꼭대기에 올라도 '순간'을 무시하는 자는 절대로 행복할 수가 없다.

누구나 그런 순간이 있다. '10년 후 나는 지금 이 순간을 눈물 나게 그리워할 것 같다'는 현재진행형 그리움에 빠지는 순간. 커 가는 아이, 만족스러운 나의 일과 직업, 아직 건강하고 젊은 육체, 사랑하는 남편. 나를 둘러싼 모든 것이 아름답고 행복하게 느껴지는 순간, 나는 폴라로이드 사진으로 순간을 붙잡듯 짧은 글로 그것을 기록하고 영원히 간직하기로 했다.

'비 내리는 저녁 10시. 남편과 식탁에 마주 앉아 페퍼민트 차를 마시며 눈 맞춤을 한다. 우리 둘의 분신은 꽃보다 아름다운 표정으로 잠들어 있다. 평화롭게, 달콤하게. 나는 이 순간의 냄새를 기억하고 싶다. 언젠가 삶이 나를 배신하는 날, 그래, 쏟아지는 행복을 선물 받은 적도 있으니, 라며 이해하고 싶다.'

이것이 바로 순간일기다. 행복의 기억을 영원히 간직하는 일기. 사진이나 영상으로 기록을 남겨두는 것도 좋지만 당시의 감정을 세세히 묘사하지는 못한다. 그때 어떤 마음을 간직했는지, 얼마나 즐겁게 반짝였는지를 기록할 수 있는 것은 글밖에 없다. 왜 매일 업무일지와 가계부는 쓰면서, 해마다 연말정산도 하고 버킷리스트도 작성하면서 나를 빛나게 하는 순간들은 몽땅 지워버리는 걸까? 일 년에 단 몇 차례라도 그런 순간들을 기록하고 기억한다면 인생이 고달픈 순간을 견딜 수 있는 힘이 비축되지 않을까?

아들러 역시 말하지 않았던가? 한 사람의 전체 인생을 '집합'이라 가정한다면, 인생의 순간들은 그 집합을 이루는 '원소'. 만약 우리가 인생의 한 순간을 의미 있고 행복하게 살지 않는다면, '그 순간'은 원소로서의 의미를 잃게 될 것이라고.

감사일기라는 플라시보 효과

월급쟁이 시절 나는 그런 생각을 자주 했다.

'일이라는 건 내가 찾자면 끝도 없고, 배울 것도 무궁무진하겠구나. 반대로 시키는 것만 대충 처리하고 시간 때운 뒤 월급만 꼬박꼬박 받아갈 수도 있겠고.'

어떤 자세로 업무에 임하느냐에 따라 같은 회사의 같은 책상에서도 천차만별의 하루를 보낼 수 있다. 그리고 실제로도 그랬다. 시간만 때우며 반수면 상태로 보낸 하루가 있는 반면, 무엇이든 쫓아다니며 배우고, 시키지 않은 범위까지 찾아서 일한 적도 있다. 마음먹기에 따라 똑같은 조건에서 전혀 다른 두 가지 삶을 일궈갈 수 있음을 깨달았다.

행복도 마찬가지다. 집에서도 행복해지는 방법 100가지를 발견할 수 있는 반면에 초호화 크루즈를 타고 지중해를 바라보며 어제 산 주식 걱정을 할 수도 있다.

감사일기는 특별한 날만 작성하는 것이 아니다. 그건 별 의미가 없다. 누구나 행복할 때 감사한 것 말고, 남들이 찾지 못한 감사와 만족을 찾는 것이 중요하다.

인생이 막바지에 이르렀을 때 허겁지겁 행복을 찾아 나서는 안타까운 사람이 되고 싶지 않다. 상상만으로도 끔찍하다. 때는 늦었고, 그제야 삶이 사실은 내게 선물했던 것들의 포장지를 뜯으려 안간힘 쓰는 모습. 마음은 얼마나 조급하고, 몸은 또 얼마나 따라주지 않을까?

쇼펜하우어Schopenhauer는 말했다. 어떤 행복이든 모든 것은 자기 자신 안에 있다고. '그는 파리Paris를 즐긴다'가 아니라 '그는 파리에서 자기 자신을 즐긴다'라고. 어디에서 어떤 모습으로 놓이든 그건 상관없다. 중요한 건 그 안에서 어떻게 자신을 즐기느냐다.

감사일기는 꼭꼭 숨어 있는 보물 혹은 비밀을 발견하는 기록이다. 이 긍정의 기록은 일명 플라시보 효과placebo effect로 무장하고 있어 놀라운 힘을 발휘한다. 플라시보 효과. 알다시피 긍정적인 생각이 긍정적 결과를 낳는다는 이론이다. 투덜이 스머프가 항상 불행한 것은 지지리 운이 없어서가 아니라 맨날 투덜거려서라는 게 과학적으로 입증된 것이다. 반대로 '다 잘 될 거야' 노래를 부르는 사람은 정말 신기하게도 꼭 결말이 좋다.

지난 1996년, 한 임상시험에서 56명의 실험대상자에게 새로운 진통제를 테스트했다. 실험대상자들의 집게손가락에 진통제를 바르고 다른 한쪽 손가락에는 아무것도 하지 않은 채 양쪽 집게손가락에 자극을 줬다. 그리고 경과를 얘기해달라고 했더니 대부분 진통제를 바른쪽 손가락 통증이 줄었다고 답했다. 물론 실제 실험에서 사용한 진통제는 가짜였다. 당연히 통증을 완화해주는 효과도 전혀 없었다. 플라시보 효과는 아픔을 사라지게 할 만큼 강렬하다. 몸과 마음의 연결고리는 알면 알수록 놀랍기만 하다.

매일 긍정을 발견하고 기록한다고 생각해보라. 실직했든 이혼을 했든 상관없다. 아픈 손가락에 가짜 약을 발라주자. 우리의 뇌가 홀까닥 속아 넘어가 정말로 행복해지도록. 돌덩어리에서 예술을 발견하는 조각가처럼, 일상에서 감사를 찾아 매일 나를 감동시키는 것이다.

감	사	일	기		시	작	하	기	-	
인	생	에		지	지		않	기		위	해

오스카 와일드Oscar Wilde는 말했다.

'산다는 일은 흔치 않은 것이다. 대부분의 사람은 그저 존재할 뿐이다.'

숨 쉬며 존재하는 것과 주도적으로 삶을 살아가는 것은 전혀 별개의 일이다. 그래서 가끔 스스로 묻는다.

오늘 하루 그저 존재했는가, 아니면 내 몫의 생을 앞장서서 개척했는가?

감사일기를 쓰면 좋은 점 중 하나는 그저 그런 하루 속에서도 살아가는 일의 희망과 의미를 발견한다는 것이다. 식물처럼 멍하니 존재하는 것이 아니라 호기심 많은 아이처럼 사방팔방 행복의 요소들을 찾아 헤매게 된다. 초등학교 봄 소풍 때 선생님이 미리 숨겨둔 작은 보물을 찾아다니듯 말이다. 가끔은 하루 치 감사를 억지로 쥐어짜기도 하는데, 신기하게도 그러는 가운데 하루 동안의 근심과 짜증이 사라지고 감사 거리가 손에 잡히는 실체처럼 앞에 나타난다. 억지웃음으로도 엔도르핀이 생성된다는데 이게 꼭 그 원리다.

감사일기는 어떤 요령이나 노하우도 필요 없다. 약간의 부지런함과 삶에 대한 진지함, 깊은 애정만 가지면 준비 완료다. 너무 많은 감사목록을 작성할 필요도 없다. 하루에 적게는 세 개에서 많게는 다섯 개만 적어보자.

예시

01 아침에 두통에 눌려 잠에서 깨어났는데 출근길에 두통이 말끔히 가셨음에 감사!

02 곧 환갑을 맞이하는 엄마의 건강검진 결과가 좋아서 감사!

03 내가 투고한 글이 사내 블로그에 실려 부장님께 칭찬받은 것 감사!

04 남자친구와의 3박 4일 냉전이 드디어 끝났음에 감사!

감사일기를 쓸 때 중요한 건 화가 나거나, 슬프거나, 억울하거나, 우울한 날에도 반드시 감사한 일들을 찾아 작성해야 한다는 점이다. 감사할 일에 감사하는 건 누구나 할 수 있다. 전혀 감사할 수 없는 날, 도저히 감사하기 싫은 날, 감사는 고사하고 인생에 저주를 퍼붓고 싶은 날 감사할 거리를 찾아 '인생아, 네가 이기나 내가 이기나 어디 한번 해보자'는 반전 마인드가 필요하다. 말하자면 인생에 지지 않기 위해, 우리는 스스로 매일 안부 인사를 건네야 한다.

감사일기를 작성하는 데는 5분도 채 안 걸린다. 하지만 5일만 쭉 써 봐도 안다. 겨우 요 몇 줄이 하루를 정리하고, 나를 돌아보는 데 얼마나 큰 도움이 되는지. 며칠 쓰다 보면 그런 생각이 찾아올 것이다. 이걸 5년쯤 쓴다면 인생이 기막히게 달라져 있겠다는 확신 같은 것. 다른 자기계발이나 영적 수련을 병행할 필요도 없이 감사일기만 꾸준히 작성해도 마음의 질풍노도가 잠잠해질 것이다. 서른이 넘어도 가끔 도지는 '중2병'이 말끔히 치유될 것이며, 남들 앞에서만 행복한 '연기대상 후보' 인생에서 벗어나게 될 것이다. 스마트폰으로 아이돌 연애기사 읽는 딱 그만큼의 시간으로 말이다.

나의
자존감 회복
다이어리

/

'자존감'에 관한 이야기를 시작하려면 먼저 '나는 정말 나인가?'라는 질문에서부터 출발해야 할 것 같다. 그 이유는, 낮은 자존감을 가진 사람일수록 자꾸만 무언가로 자신을 포장하기 때문이다. 명품과 가짜 웃음, 거짓된 말과 행위로 자신이 생각하는 '형편없는 진짜 나'는 감춰두고, 보이고 싶은 나의 이미지에 매달린다. 따라서 자존감 회복의 첫 단추는 자신에게 솔직해지는 연습을 하는 데 있다.

자신에게 솔직해지는 것은 그 자체로 대단한 능력이다. 이것도 '능력'이므로 연습과 노력을 통해 얻어지는 것이다. 선천적으로 잘하는 사람도 있겠지만, 대부분 우리는 나이를 먹고 상투적인 역할놀이에 매몰된 나머지 솔직해지는 능력을 서서히 잃어간다. 소싯적에 무전여행을 하며 방랑하던 히피였다 하더라도 직장에 들어온 이상 좋은 동료이자 선후배라는 옷으로 갈아입어야 한다. 결혼하면 처자식을 책임지는 다정하고 따뜻한 가장, 이웃에게는 친절하고 젠틀하게, 부모에겐 용돈도 척척 주는 자랑스러운 효자. 물론 그런 게 나쁘다는 것은 아니다. 하지만 '나'는 쏙 빠진 채 책임과 의무만 남은 역할에만 충실하다 보면 결국 첫 번째 질문-'나는 정말 나인가?' 속에서 헤매게 된다. 자기 자신도 잘 모르는데 어떻게 제대로 된 자존감이 만들어지겠는가? 그래서 많은 심리학자가 자존감 회복의 첫 번째 열쇠로 '인생의 궤적 살피기'를 꼽는다.

셀프인터뷰 글쓰기

오롯이 나와 내 인생만 들여다보기. 이것이 낮은 자존감을 회복하기 위한 나의 첫 번째 솔루션이었다. 이를 위해 나는 나의 가치와 잠재력에만 집중해보기로 했다. 학력, 능력, 인맥, 연봉 다 집어치우고 그냥 나라는 사람 알맹이만 분석해보기로 한 것이다. 나의 정체성을 다시 바로 잡고, 삶의 방향키를 내 손에 쥐어 줄 필요가 있었다.

쇼펜하우어도 말하지 않았던가? 인간은 다른 사람처럼 되고자 하기 때문에 잠재력의 4분의 3을 상실한다고. 돌아보니 정말 그랬다. 숱한 날들을 '저기 저 사람' 같은 능력을 갖추기 위해, '저기 저 사람'이 가진 것을 나도 가져보기 위해 고군분투했던 것 같다.

나는 난생처음 '나'라는 주제로 몇 날 며칠 글을 썼다. 나의 취향, 장단점, 꿈과 미래, 과거 등 세상에 유일무이한 존재인 '나'를 손바닥에 올려놓고 요리조리 살피며 리포트를 쓰기 시작한 것이다. 이것은 말하자면 '셀프인터뷰 글쓰기'다. 신문이나 잡지에서 명사들을 인터뷰하듯 내가 나를 응시하며 인터뷰하는 것이다.

셀프인터뷰 글쓰기가 좋은 이유는 나의 가치를 재발견하는 시간이 생기기 때문이다. 잊고 있던 내 가치를 다시 발견하게 되면 자연스럽게 자존감도 회복된다. '아, 알고 보니 나는 꽤 근사한 여자였네?' 고개를 갸우뚱하는 가운데 자존감도 슬며시 올라가게 된다.

셀프인터뷰가 막막하다면 학창시절 유행하던 '100문 100답'을 떠올리면 된다. 나이, 키와 혈액형, 좋아하는 색깔, 음식, 가고 싶은 나라와 배우고 싶은 언어 등등 관찰자의 시선으로 나를 파헤치는 것이다. 단번에 작성할 수 있을 것 같지만 사실 꽤 긴 시간이 필요하다. 적어도 나는 그랬다. 단순한 질문에도 오래 생각해야 할 것들이 있었다. 평소 자신과의 대화가 부족했던 사람일수록 더 긴 시간이 필요할 것이다. 자신의 진짜 욕망을 무시해온 사람일수록 답하기 곤란한 질문도 많을 것이다.

제대로 살기 위해, 제대로 보다

굳이 셀프인터뷰의 부제를 달자면 '제대로 살기 위해 제대로 보는 연습'이다.

취준생 시절 자기소개서를 작성할 때 나를 가장 고민하게 만든 항목은 '성격의 장단점' 부분이었다. 객관적인 관찰이 필요한 일이었기 때문에 쓰기가 꽤 난감했다. 지금 생각해보면 거의 모든 자소서에 자신의 성격을 분석하는 항목이 포함된 것은 그가 평소에 본인을 제대로 관찰하는 사람인지 아닌지를 판단하기 위함이 아닐까? 상투적인 장단점 말고, 제대로 된 분석이 가능한 사람인지를 보기 위해서 말이다.

지금부터 우리가 시작하려는 '자존감 회복 다이어리'는 좀 더 깊고 구체적이다. A부터 Z까지의 나를 분석해야 하는 대대적인 프로젝트이기 때문이다.

먼저 제목이 '나'인 노트를 준비한다. 이 노트는 첫 장부터 마지막까지 오로지 '나'에 관한 이야기만 쓰는 게 원칙이다. '나'를 중심으로 이루어지는 기승전결이 목표다.

내가 성취한 것과 실패한 일을 연대기 별로 작성하는 것도 반드시 필요하다. 어떤 사람은 남들보다 많은 것을 이루어냈음에도 불구하고 자신의 성취에 대한 확신이 없다. 자존감이 낮은 사람은 자신을 지나치게 과소평가하기 때문이다. 실패를 구체적으로 작성해보는 것은 긴 인생에서 뭔가에 실패해도 인생 끝나지 않는다는 것을 배우자는 취지다. 실수한 경험에서 헤어나지 못하는 것, 실패한 일은 두 번 다시 쳐다도 안 보는 것 역시 자존감이 낮은 사람들의 특징이라고 한다. 아무리 부끄러운 실수를 해도 나의 가치는 깎이지 않는다는 것을 깨닫고, 아무리 큰 실패를 해도 나를 상실하지만 않으면 인생은 계속 굴러간다는 것을 알아야 한다. 돌아보면 결국 정현종 시인의 시처럼 '모든 순간이 꽃봉오리'였음을 알려주는 계기가 될 것이다.

반대로 작은 성공도 줄줄이 적어본다. 남들이 생각하는 성공 말고, 내 딴에 고생하고 최대한 노력하여 얻은 성과들을 나열하는 것이 중요하다.

두 아이를 키우면서 동네 엄마들과 일본어스터디를 결성한 일. 라디오 공모수기에 당첨되어 10인용 밥솥을 받은 일. 1년짜리 적금을 안 깨고 유지한 일. 남들이 보면 '피식' 웃을 일이 내게는 성공일 수도 있다. 그것들을 몽땅 끄집어내 적어보자. 미소 짓게 되는 일들, 어깨에 힘이 들어가는 일들을 차근차근 적다 보면 인생이란 게 시트콤처럼 유쾌하고 발랄하게 느껴진다. 크고 작은 나만의 성공담은 말하자면 삶의 힌트 같은 것! 엎어져도 일어날 기회를 제공하는 멋진 힌트다.

자존감은 그깟 스펙보다 백배는 중요하다. 제대로 된 자기 사랑이 이루어져야 스펙도 쌓고 취직도 한다. 몇 달 하다 때려치울 직장 말고, 진짜 적성과 비전을 바탕으로 회사를 찾게 되며, 소모적인 전쟁 같은 사랑, 혹은 조건만 건 결혼 말고 일생을 서로 도우며 나아갈 반려자도 만나게 된다. 매번 가면 뒤로, 관계 속으로 숨는 일 대신 당당하고 수평적인 관계를 맺으며 살아가게 된다. 말하자면 자존감이라는 뿌리가 탄탄히 박혀 있어야 인생이라는 나무도 잎을 쭉쭉 키워나간다는 거다.

우리는 모두 자신을 사랑하는 방법을 '발명'해야 한다. 내가 평생 데리고 살 것은 결국 '나'다. 일생의 동반자는 어쨌든 '나'다. 우리는 사는 내내 나를 즐겁고 행복하게 만드는 방법을 개발하고, 발견하며 나아가야 한다.

<table>
<tr><td>4</td><td>주</td><td></td><td>완</td><td>성</td></tr>
</table>

4	주		완	성					
셀	프	헬	프		글	쓰	기		프 로 그 램 -
행	복	설	계		편				

1주차 - 행복의 분석

월요일	당신이 생각하는 진짜 행복이란 무엇인가? 행복의 정의를 내린다.
화요일	떠올리기만 해도 행복해지는 것들(물건, 사람, 장소 상관없이)을 스무 개 작성한다.
수요일	지난 5년간 가장 크게 기뻐한 장면을 3개 이상 떠올리고 자세히 적어 보자.
목요일	Cheer up, 당신은 일상에서 무엇으로 자신을 응원하는가?
금요일	당신 주변에서 가장 행복해 보이는 사람을 관찰하고(소파에서 낮잠을 자고 있는 고양이도 괜찮다) 그 이유를 분석해보라.

2주차 -행복의 발견

월요일	3년 후 최고의 하루를 실제 겪은 것처럼 자세히 적어보자.
화요일	함께 있으면 가장 편하고 사랑하는 사람과 식사를 한다고 가정하고, 당시의 상황과 감정을 생생히 묘사해보라.
수요일	그때는 몰랐지만 돌아보니 큰 행복이었던 시간 혹은 사건이 있는가? 고민하고 걱정했지만 아무 일도 일어나지 않은 경험은?
목요일	행복에 관한 명언을 다섯 개만 찾아서 필사하라.
금요일	'만약에'로 시작하는 문장을 열 개 완성해보자. 예를 들어, 만약에 남편과 하와이에서 리마인드 웨딩을 한다면? 나는- 만약에 평소 롤모델과 우연히 식당에서 마주친다면? 나는- 만약에 엄청난 투자자를 만나 꿈꾸던 사업을 시작할 기회를 얻는다면? 나는-

월요일	미국 갤럽연구소가 행복한 사람들에 대해 지난 50여 년간 조사한 자료에 따르면, 행복에 필요한 다섯 가지 요소는 다음과 같았다. 직업, 돈, 건강, 인간관계, 공동체. 이 다섯 가지 요소에 대해 깊이 생각해보고, 각각의 현재 상황을 적어보라.
화요일	하루 중 가장 지치거나 우울한 시간(예, 출근길 지하철 안/아이 아침밥 먹이는 시간/오후 3시 고객사 미팅 등)을 떠올리고 그 시간이 감사한 이유를 세 가지 적어보라. (이 작업은 일주일간 매일 시도해도 좋다.)
수요일	인생을 리셋하고 싶다면 어디서부터 시작하고, 무엇을 바꾸고 싶은지 상세히 적어보라. 현재는 그것이 불가능한 이유도 함께 생각해보자.
목요일	부모님, 배우자 혹은 가장 친한 친구에게 진심이 담긴 감사의 편지를 한 통 띄워라.
금요일	가장 힘든 시기를 돌아보고 그때의 나에게 지금의 내가 응원의 편지를 보내보라.

4주차 - 행복의 완성

월요일	20살의 나, 30살의 나, 40살의 나, 그리고 80세의 나에게 각각 짧은 메시지를 남겨보자.
화요일	당신의 '행복 타임라인'을 완성해본다. 삶의 연대기별로 가장 행복한 순간들을 떠올리고 글로 포착해보는 것이다.
수요일	스스로 '행복하다' 외치는 사람(가까운 지인이든 책 속 저자든 상관없다)들의 행복조건을 10가지 적어보자.
목요일	미래 명함을 만들어보자. 5년 후도 좋고, 10년 후도 좋다.
금요일	미래의 어느 날 출간할 당신 자서전의 첫 문단과 마지막 문단을 작성해보라.

Chapter

03

실 천 의   글 쓰 기

하루 15분, 진짜 나를 만나는 시간

독서토론회나 강연장 등에서 많은 사람을 만나 이야기를 나누며 내린 결론이 있다. 사람들은 언제나, 누구나 독서와 글쓰기에 관심이 많다는 것이다. 오로지 문자만이 줄 수 있는 위로와 교훈을 제외하고라도 그것이 우리네 삶을 얼마나 풍성하고 빛나게 하는지 잘 알고 있기 때문이리라. 그렇다면 왜 책을 읽지 않고 글을 쓰지 않는 것일까? 삼척동자도 아는 그 좋은 걸 왜 안 하느냔 말이다.

"글쓰기에서 가장 힘든 게 뭐예요?"라는 질문에는 의외의 답변을 자주 듣는다. 글쓰기를 방해하는 가장 큰 적은 표현력이나 상상력, 감수성도 아닌 바로 '시간'이라는 것이다. 시간의 절대적 부족, 그것이 바로 글쓰기를 영영 강 건너 불구경하게 만드는 요인이라는 것!

물론 너무나 이해한다. 아이부터 어른까지 안 바쁜 사람이 없는 세상이니 짬을 내 글을 쓴다는 게 쉬운 일은 아니다.

결론부터 말하자면 욕심을 버려야 한다. 단번에 열 걸음을 걸으려는 욕심, 한 번에 몽땅 해치우려는 욕심 말이다. 대신 아주 느리지만 매일 조금씩 쓴다는 생각으로 글쓰기를 시작해보자. 나만의 속도로 글을 쓰는 게 중요하다. 하루에 세 줄을 써도 상관없다. 나는 시간이 부족해 독서와 글쓰기가 불가능하다는 모든 사람에게 이렇게 주문하고 싶다.

하루에 딱 15분만 할애해 시작해보라고!

매일 15분으로 글쓰기 습관을 만들라

많은 타이틀 가운데 작가로 불리는 것이 가장 행복하다는 유시민은 그의 저서에서 다음과 같이 말한다.

> 글쓰기도 방법을 배우면 할 수 있다고 생각하지만 그게 다는 아니다. 방법을 배우는 것만으로는 충분하지 않다. 몸으로 익히고 습관을 들여야 잘 쓸 수 있다. 글쓰기는 그런 면에서 자동차 운전과 비슷하다. 자동차의 구조와 원리를 공부한다고 해서 운전을 할 수 있는 건 아니다. 핸들과 페달, 기어 변속기가 손발 일부로 느껴질 때까지 몸으로 훈련해야 한다.

옳거니! 글쓰기는 피아노 연주처럼, 운전이나 수영처럼 몸이 체득해 습관화되어야 비로소 쉬워지는 것이다. 짧지만 매일 15분을 글쓰기에 할 애해야 하는 이유다. 샤워하고, 음식을 만드는 것은 일상의 습관화된 행동으로 어려움 없이 할 수 있다. 마찬가지로 매일 일정 시간을 글쓰기에 투자하면 백지를 마주했을 때의 두려움에서 조금씩 벗어날 수 있다. 글을 쓴 당사자도 이해 불가인 문장들에서 읽는 이로 하여금 미소 짓고, 자리를 박차고 일어나 행동하게 만드는 글을 짓는 경지에 이를 수 있다.

15분은 마음만 먹으면 누구나 쪼갤 수 있는 시간이다. 심지어 아직 돌도 안 된 젖먹이 아기를 키우는 나도 매일 15분 이상을 독서와 글쓰기 시간으로 안배한다. '겨우 15분으로 얼마나 쓰겠어?' 라는 의심이 든다면 일단 시작해보자. 아무렇지도 않게 흘려버리는 '겨우' 15분이 모이면 얼마나 힘이 세지는지 말이다. 직장인이라면 출근 후 업무 시작 전 15분을, 학생이라면 공강시간이나 이동시간 등을, 주부라면 아이가 낮잠 자거나 유치원에 간 시간 등을 할애해 나만의 세계로 빠져보자.

만약 좋아하는 음식 만들기나 인터넷 쇼핑, 온라인 게임을 위해 매일 15분을 내라고 한다면 잠자는 시간을 줄여서라도 기필코 만들어내지 않을까? 15분을 쪼갤 수 없다는 건 마음의 문제다. 그 정도 시간도 낼 수 없다면 영영 글을 쓸 수 없다. 써야 하는 건 알지만, 쓰고 싶은 마음도 굴뚝같지만 우리는 매일 쓸 수 없는 이유를 '생산'해낸다. 아이가 갑자기 아파서, 야근해서, 어제 술을 너무 많이 마셔서, 시아버지 생신 때문에 등등.

쓸 수 없는 핑계 백여든아홉 가지를 대면서 인생이 바뀌길 기대한다면 그건 과욕이거나 과대망상이다.

어쨌든 중요한 건 '매일' 그리고 '꾸준히'다. 일주일에 15분은 아무 힘이 없을지 모르지만 매일 15분은 원하는 것을 얻고 일정 성과를 내기에 적지 않은 시간이다.

마음의 지도를 찾아가는 15분

15분간 과연 어떤 글을 쓸 수 있을까? 당연히 소설이나 평론, 논문을 기대할 수는 없다. 대신 어지러운 마음을 정리하거나 다가올 한 주를 계획하는 등 꽤 유용하고 가치 있게 쓸 수도 있다. 일단 매일의 15분은 '진짜 나'를 만나는 시간으로 삼는 거다.

먼저, 일기 쓰기가 있다. 잠자기 전 하루를 정리하고 나를 돌아보는 성스러운 의식. 초등학교 때 정말 일기 쓰기 싫은 날 억지춘향으로 작성하던 '하루일과나열식 일기'도 사실 도움이 된다. 정신없이 하루하루 살다 보면 어제가 오늘 같고, 내일에 대한 기대나 설렘도 없다. 그럴 때 일주일에서 보름 정도 내가 어떻게, 무엇을 하며 살고 있는지를 쭉 정리해보는 거다. 매일 몇 시에 아침을 먹는지, 회사업무 외에 무엇에 가장 긴 시간을 쓰는지, 누구를 만날 때 제일 크게 웃는지, 주말엔 〈무한도전〉으로 시작해서 〈일밤〉으로 끝내는 건 아닌지. 15분이면 일과를 글로 적고 돌아보기에도 충분하다.

물론 감정을 정리하는 일기도 좋다.

> 왜 행복해져야만 하나? 그 자체가 거대한 욕심이자 헛된 욕망이 아닐까? 그리고 삶이 어떻게 늘 한결같이 행복할 수 있나? 그건 천국에서도 무리수가 분명해.
>
> 의미가 더욱 중요하다. 행복보다는 만족이, 감사가, 의미가 깃든 삶이 내게는 점점 더 중요하다. 일례로 아이를 키우는 일도 그렇다. 이 일은 매일의 수고스러운 중노동이다. '강제노동수용소에서는 매일 이 삽질 한 번에 빵 일 그램'이라는 헤르타 밀러Herta Muller의 소설 한 구절이 생각날 만큼 '피 같은 땀방울 하나에 아이의 몸무게 십 그램'이 아닐까 싶다. 이 일은 행복만 가지고 설명하기는 복잡하다. 설명이 불가능하다.
>
> 그보단 의미. 다른 존재를 온전히 사랑하고 책임지는 것에 대한 깊은 의미로 받아들여야 할 것 같다. 하임, 음절만 발음해도 가슴이 환해지는 이름. 내 삶의 의미, 딸.

이 일기를 쓴 날은 유독 힘든 하루였다. 도움받을 사람 하나 없는 외국에서 아기를 혼자 키우는 일은 두렵고, 아프고, 힘겨운 순간의 연속이다.

아이를 재워놓은 나는 지친 마음을 다독이며 일기를 썼고 마음을 어루만 지며 다시 힘을 낼 수 있었다. 아무리 짧아도 진실 되게 표현한 글은 그 자 체가 위로이고 치유가 된다.

다음으로 마인드맵 작성이 있다. 그날 붙들고 싶은 화두를 한 가지 선 택하여 마인드맵으로 그려보는 것이다. 마인드맵은 뜻 그대로 생각과 지 도, 즉 생각의 지도다. 얽히고설킨 머릿속 실타래를 지도처럼 반듯하고 깔끔하게 정리하는 것이다. 물론 나만의 성찰과 사유로.

매일 주제 하나를 정해 작성해본다. 숱한 감정 중 하나를 주제로 선택 한다. 예를 들면 '용서'. 그에 따른 사유들을 가지치기한다. 고통, 아픔, 내 가 끝내 용서 못 한 그 사람, 나를 끝내 용서 안 한 그 사람, 자신에게 주는 가장 큰 선물, 201X년까지 ○○을 용서할 것…….

니체가 말했다. 고뇌하는 모든 것은 살기를 원한다고. 매일 15분으로 고뇌하는 힘을, 그리하여 끈질긴 생명력을 스스로에게 보여주는 거다.

잡념의 15분도 꽤 유용하다. '잡'이라는 글자가 살짝 부정적이니 '아이 디어 수집 15분'이라고 해두자. 이건 시간을 정해두기보다 생각이 폭포 처럼 쏟아질 때 노트를 펼쳐 쓰면 된다.

길을 걷다 불현듯 '저 집은 왜 항상 손님이 많을까?' 고민해본 적이 있 을 것이다. 그럴 땐 그 이유를 정리해보는 것이다. 주인이 잘생겨서, 테이

크아웃만 가능해서, 특제소스로 만든 햄버거라서, SNS 홍보가 잘 되어서. 이게 경영학 수업이 아니고 뭐겠는가? 독학으로 하는 MBA 과정에 입문해있다 생각하자. 마케팅 동아리나 영업비밀을 공유하는 인터넷 카페 정모 못지않다.

최근 유행하는 서브스크립션 커머스Subscription Commerce. 농산물부터 아기 이유식, 생수, 꽃까지 품목이 매우 다양해졌다. 그걸 보면서 나는 물건이 아닌 콘텐츠도 가능하지 않을까를 고민하고 아이디어 노트에 자잘하게 생각을 정리해봤다. 이때 정리한 것들은 향후 준비 중인 일에 있어 큰 도움이 되었다.

이 밖에도 15분으로 할 수 있고 쓸 수 있는 것들은 한 무더기다. 감사일기를 써도 좋고, 5줄씩 필사도 좋다. 교환일기 형식으로 마음이 맞는 사람들과 주제를 정해 글을 쓰는 것도 15분이면 넉넉하다.

글을 쓰는 사람은 평생 누구의 지시도 없이 묵묵히 쓴다. 반면 안 쓰는 사람은 안식년이 주어져도 쓰지 않는다, 아니 못한다.

부디 핑계 속에 묻혀 나를 만나는 시간을 지워버리지 않기를. 매일 짧지만 진짜 나를 만나는 시간 속에서 넉넉히 자유롭기를 바란다.

피가 되고 살이 되는 SNS 운영 후기

시작은 아는 언니의 사소한 권유로부터였다.

"주제 하나 정해서 개설해 봐. 콘텐츠나 사진 정리한다고 생각하고 틈틈이 운영하면 꽤 재미있어."

언니는 온라인 홍보전문가로 일하며 SNS를 굉장히 전략적이고 성실하게 운영하는 사람이다. 후에 SNS 마케팅 서적도 출간했으니 그 분야에서는 전문가나 다름없다. 언니가 인터넷 카페를 만들어 20~30대 여성들의 모임도 주관하고, 온라인에서 수강생을 모집해 취미로 만졌던 꽃꽂이로 꽤 짭짤한 부수입을 올리는 것을 보니 나도 호기심이 일었다. 그래서 시작하게 된 블로그. 지구 반대편 퍼거슨 감독은 인구에 회자되는 그 유명한 'SNS는 인생낭비'라는 명언을 남기셨다만, 글쎄, 잘만 활용하면 피가 되고 살이 된다고 확신한다.

'쓰는 삶'을 시작하고 싶은데 노트에 따박따박 손 글씨가 부담스럽거나, 한 가지 분야에 노하우와 지식, 경험을 축적해 전문성을 갖추고자 할 때, 나만의 콘텐츠나 사진을 분실위험 없이 보관하고 싶거나, 배워서 남 주자는 이론을 실천하고 싶을 때, SNS는 기막힌 짝꿍이 되어 호흡을 맞춘다.

나는 일단 '독서'와 '여성 자기계발'이라는 키워드를 가지고 글을 작성하기 시작했다. 간혹 육아나 요리, 여행 등 관심사를 정리한 신변잡기식 글도 등장한다. 책이 출간되면 틈틈이 신간홍보도 하고, 강연모임도 하고, 좋은 정보도 나눈다. 언니 말대로 '사진 정리'나 하자고 시작한 블로그로 인생의 묘한 재미를 느끼고 있다. 나만의 아지트가 하나 더 생긴 기분이다. 무엇이든 보관할 수 있고, 누구든 초대할 수 있는 지적 놀이터(그래서 내 블로그 이름도 '우주는 그녀의 놀이터'다). 방문자 수 몇백만을 자랑하는 파워 블로거들과는 비교가 안 되지만, 꾸준히 작성한 콘텐츠를 열람하기 위해 방문하는 이웃들이 해마다 늘고 있다. 그들과의 온라인 소통도 부수적 행복이다.

원래 온라인상에서 무엇을 하는 것에 의심의 눈초리부터 보내던 나다. 심지어 온라인상에서 물건도 잘 안 샀다. 그런데 지금은 블로그를 통해 만난 사람들과 오프라인에서도 만나 언니 동생 하며 지낸다. 내 딴에는 어마어마한 변화다. 일단 관심사와 추구하는 인생관을 또렷이 알고 만

나는 이들이기에 처음 만나도 깊은 대화가 가능하고, 오랜 인연으로 이어질 수 있음을 알았다. 이건 블로그에만 해당하는 이야기는 아니다. 다른 SNS도 활용하기에 따라 '인생의 낭비'가 되거나 '생산적 놀이터'가 된다.

잘 키운 SNS, 중견기업 부럽지 않다

종종 방문하는 블로그가 있는데 하루는 재미있는 글이 올라왔다. 초등학생 두 딸을 키우는 워킹맘인 블로그 운영자는 후에 딸들에게 '유산'으로 블로그를 남겨줄 생각이란다. 유산으로 땅도 아니고 주식도 아니고 블로그를? 그녀의 글은 이렇게 이어진다.

방문자 수 몇백만의 블로그를 몇 년간 꾸준히 운영해보니 웬만한 소기업 하나를 키워내는 노하우와 정성이 필요함을 깨달았단다. 처음엔 마구잡이로 포스팅하던 글을 후에는 핵심 키워드, 유입률, 상위노출 제목 등 데이터를 분석하며 작성하기 시작했다. 그러는 과정에서 온라인 홍보를 스스로 배웠다. 터득한 SNS 홍보지식을 운영 중인 다른 사업체와 접목해 시너지 효과를 냈고, 온라인세계를 몰라 뒤처지는 소상공인들에게 강연을 통해 지식을 나누어주는 의미 있는 일도 하게 됐다. 무엇보다 본인 블로그에 올린 글들이 소위 말하는 '파워'를 갖기 시작하니 블로그의 가치가 수천, 많게는 수억에 호가한다는 자부심을 갖게 되었다.

그녀는 SNS를 지혜롭게 활용한 가장 대표적인 예다. 비교, 자만, 우월

주의로 가득한 SNS 말고, 스스로 성장시키고 타인에게 도움을 주는 근사한 온라인 세계를 구축했기 때문이다.

나는 최근 몇 년 블로그를 '성장 노트' 대신 활용하고 있다. 무엇을 공부하는 중인지, 어떤 아이디어 꿍꿍이를 가졌는지 사람들과 공유하고 정보를 나눈다. 읽고 있는 책, 울림을 준 영화, 생각에 잠기게 한 만남 등을 공개하며 '나 이렇게 열심히, 자알 살고 있어요' 확인도장도 찍는다. 연말에는 한 해 동안 내가 어떻게 살았는지 블로그를 읽어보며 확인한다. 블로그가 '성장노트'의 역할을 그대로 수행하는 셈이다.

나는 블로그에 정보를 나누기도 하지만 정보를 얻는 경우도 굉장히 많다. 열심히 사는 워킹맘들의 블로그 몇 개를 즐겨찾기 해놓고 일상에 자극과 활력이 필요할 때 찾아가 읽는다. 화장품 광고가 많은 여성잡지 읽는 것보다 도움이 될 때가 많다.

'소곤소곤' 아지트 만들기

SNS에 올리는 글은 치열한 문장력이나 고도의 전문지식이 필요 없다. 그냥 하나 개설해서 소소하게 시작하면 그만이다. 처음에는 목적을 갖고 시작하기보다 재미로 운영해볼 것을 권한다. 서평이나 영화평을 기록하는 것이 가장 쉽고 가볍게 시작할 수 있는 방법이다. 제품 사용 후기나 맛집 평가 같은 글은 나만의 생각을 정리하기엔 다소 부족하다. 짧은 시간이라도 내 의견과 내 생각이 정리된 글을 쓰라고 권하고 싶다. 일단 우리의 목적은 '쓰기'이기 때문이다. 좀 더 자유롭고 편리한 '쓰기'를 위해 SNS를 똑똑히 활용하자는 것이다.

요즘 나는 블로그를 통해 해외에서 독박육아전쟁 중인 엄마들과 신세한탄을 주고받기도 하고, 인생에서 가장 뜨겁고 치열하게 사는 30대 초반의 삶을 생중계하기도 하며, 읽으면 힘이 나거나 심장이 뛰는 글을 생산하여 온라인 독자들에게 띄우기도 한다. 소소한 인생의 재미이고 일상의 기쁨이다.

블로그는 앞으로도 소곤소곤 나만의 이야기를 전하는 아지트로 자리할 것 같다. 그 안에 엄청난 인생비밀이나 치유되지 않는 통증 등 무거운 글을 털어놓지는 못하겠지만 지금처럼 적당히 잘 활용하여 적당한 즐거움을 되돌려 받는 도구로 쓰려고 한다.

어른이 된 이후 나만의 아지트를 잃어버린 우리, 지적이고 생산적인 아지트가 하나 있으면 좋지 않겠는가? 허세 가득한 대결의식만 치워버리면 SNS는 충분히 효과적이고 매력적인 기록의 장場이 될 것이다.

<table>
<tr><td>성</td><td>공</td><td>하</td><td>는</td><td></td><td></td><td></td></tr>
<tr><td>S</td><td>N</td><td>S</td><td></td><td>운</td><td>영</td><td>팁</td></tr>
</table>

1. 확실한 주제를 정하자

관심사가 같은 이들에게 '모여라!' 외치고 싶다면 일관성 있는 주제의 글들을 올려라. 맛집 투어, 화장품 사용 후기, 연예인 가십 기사 등 너무 다양한 주제를 퍼 나르기 식으로 올리는 것은 비추천이다. 방문자 수가 올라간다는 것을 제외하면 어떤 도움도 되지 않기 때문이다. 장기적으로 시간 낭비일 뿐이다.

내 주변에는 이렇게 SNS를 운영하는 사람들이 있다. 본인이 직접 만진 꽃 사진을 올리고 그에 맞는 짧은 감상 글이나 시를 포스팅하는 사람, 신작 개봉 영화를 꼼꼼히 챙겨보고 평론하는 사람, 한국 사람이 거의 없는 유럽 어느 소도시에서 아이 키우며 사는 이야기를 올리는 사람, 필사하는 책과 노트 사진을 틈틈이 올리는 사람, 새롭게 사업을 시작하며 그 과정을 글로 남기는 사람 등등.

모두 하나같이 확실한 주제를 가지고 자신만의 콘텐츠를 즐겁게 생산하는 이들이다. 창조적 크리에이터, 인생 디자이너들이라 할 수 있다.

2. 약간의 의무감도 필요하다

SNS는 꽤 많은 노동력을 필요로 하는 일이다. 해보면 안다. 읽을 만한 '제대로' 된 글을 포스팅 하려면 적지 않은 시간과 에너지가 필요하다. 모든 것이 그렇겠지만 SNS도 결국은 부지런한 자가 승리하게 되어있다. 개설만 해놓고 가뭄에 콩 나듯 작성하려면 차라리 노트 한 권을 사서 손으로 쓰는 게 더 간편하다. 책상 정리하고, 노트북 켜고, 로그인해서 글을 쓰기까지의 과정보다 펜으로 쓱싹거리는 게 더 빠르기 때문이다.

그래서 약간의 의무감도 필요하다. 일주일에 한 권의 책을 읽고 감상을 올리겠다, 매일 감사한 일 세 가지를 남기겠다, 아이와의 추억 100개를 정리하겠다는 등 의무감을 갖고 꾸준히 운영하는 것이 중요하다. 그래야 무엇인가가 '축적'된다. 창의력 제고나 플랫폼 기능이 가능해진다.

3. 목표를 갖는 건 좋은 일이다

블로그에 정리한 글들을 책으로 엮겠다거나 팔로우 숫자를 1만 이상 끌어 올린다거나, 오프라인 모임을 주도해 키워나가겠다는 등 목적의식은 늘 우리를 행동하게 만든다. 더 민첩하게, 더 주도적으로.

작은 목표부터 이루어가 보자. 방문자 수 100명에 이르는 블로그 만들기, 과학 분야의 책 10권 읽고 서평 쓰기, 주말마다 달리고 그에 따른 나만의 철학을 글로 남기기. 목표는 각자의 관심과 상황에 따라 선정하면 된다.

4. 설탕과 거품을 빼라

커피로 치자면 블랙. 아메리카노처럼 본연의 멋과 향만 풍기는 SNS를 운영하겠다고 결심하라. 가식으로 포장된 SNS는 설탕만 가득 들어간 커피처럼 몸에 해롭고, 타인을 의식하며 작성한 글들은 거품만 가득한 커피처럼 공허하다. 퍼거슨의 명언은 그럴 때 빛을 발한다. 부디 각자의 소중한 시간을 헛된 욕망을 교묘하게 자랑하는 것에 허비하지 않기를.

나는 20대에 천 권 이상의 책을 읽었다. 정확히 따지면 10대 후반부터 20대 후반까지 천백여 권가량을 읽었다. 공부는 안 하고 책 - 그것도 문학작품 - 만 주야장천 팠으니 우리나라 교육시스템에는 안 맞는 날라리 학생이었다고 할 수 있다.

어쨌든 어리다면 어린 나이에 자발적으로 책을 집어 든 이유는 단 하나였다. 책이 너무 재미있어서. 만약 더 재미있는 다른 것을 찾았더라면 책 따위는 일찌감치 집어 던져버렸을 것이다. 그런데 신기하고 기특하게도 책을 대체할 다른 재밋거리를 찾지 못했다(아직까지도 못 찾았다). 그래서 그냥 읽었다. 그게 전부다. 그 어린 나이에 나중에 책 쓰고 책 팔아, 먹고 살 목적으로 읽지는 않았을 테고, 자아를 발견하거나 삶의 의미를 파헤치고자 읽은 건 더더욱 아니었다. 그땐 몰랐다. 독서습관이 인생을 밝힐 등

불이 되어 주리라는 사실을. 강남 아파트 세 채(열 채까지도 생각해보겠다)와도 바꿀 수 없는 엄청난 자산이 되리란 것을. 오죽하면 빌 게이츠는 하버드대학 졸업장보다 독서습관이 더 소중하다고 했겠는가. 그건 멋 부리려고 한 말이 아닐 것이다. 지금도 매일 손에서 책을 놓지 않으며, 휴가 갈 때도 수십 권의 책을 짊어지고 간다는 지독한 독서광이 한 말이니 진심이 분명하다.

최고의 전략은 다독多讀

독서 좋은 건 삼척동자도 알고, 왜 좋은지도 다 안다. 따라서 독서의 효능이니 효과니 따위의 잔소리는 집어넣겠다. 다만 개인적인 경험에 비추어 독서의 좋은 점 하나를 밝히자면, 나는 지금까지 책을 사랑하는 사람 치고 완전히 인생 말아먹은 사람을 단 한 명도 보지 못했다. 샛길로 빠지고, 진흙탕에서 허우적대는 시간을 겪을지언정 다시 제자리로 돌아와 제 몫의 삶을 채워나갔다. 독서가 강인함을 만드는지, 강인한 사람들이 독서를 생의 도구로 채택하는지는 모르겠지만 어쨌든 책이란 건 그렇다. 바닥을 치고 일어날 힘을 갖게 해준다. 인생 도처에 즐비한 치명적 구멍에서 나를 끄집어내준다. 얼마나 감사한 은인인가. 책은 최고의 안전장치다.

독서의 좋은 점을 굳이 하나 더 꼽자면, 책을 많이 읽는 사람이 글을 잘 쓴다는 것이다. 논술학원, 과외 다 필요 없다. 작법을 위한 표현의 기술이나 창작론을 백날 익혀도 많이 읽어내는 사람 못 당한다.

흔히들 글쓰기 최고의 훈련법이라 전해지는 다독, 다작, 다상량. 송나라 문인 구양수歐陽脩가 처음 제시한 '글쓰기의 3다多'다. 읽고, 쓰고, 깨닫는 것. 세 가지 중에 '읽기'가 가장 먼저 언급되는 것이 그냥은 아닐 것이다. 쓰기에 있어 읽기는 그만큼 중요하다. 상식적으로 생각해도 그렇다. 많이 먹어야 많이 싼다. 연애를 많이 해봐야 결혼도 잘한다는 속설이 있다. 횟수는 무시할 수 없다. 수치란 그토록 중요하다. 때론 전부다. 하나둘 쌓여 뿜어내는 내공은 단기속성으로 배운 작법과는 차원이 다르다. 그건 '진짜'이기 때문이다. 진짜 내 생각, 진짜 내 글 말이다.

그러니 정말 글을 잘 쓰고 싶다면 일단은 독서습관부터 들이자. 이성복 시인도 말했다. 좋은 작가가 되기보다는 좋은 독자가 되려는 게 글쓰기의 지름길이라고. 오늘 저녁부터 당장 그간 외면했던 책장 깊은 곳, 혹은 라면 받침대로 사용 중이었던 책 한 권과 재회하라. 먼지를 훌훌 털어내고 '그'의 아쉬움을 달래주어라.

뻔하게 살고 싶지 않다면

삼류의 기준은 제각각이겠지만 내 눈에 삼류영화는 스토리 전개가 뻔한 영화다. 초반부터 결말이 그려지면 앉아 있는 자체가 고문이다. 이 영화를 보지 않았더라면 대신 할 수 있었던 기회비용들이 떠올라 실컷 약이

오른다. 시간도 아깝고 돈도 아깝고, 내 엉덩이는 더 아깝고.

나뿐만 아니라 모든 사람은 반전을 좋아한다. 예상치 못하게 '짠'하는 어떤 것에 재미와 흥분을 느낀다. 반전이 없었더라면 〈식스센스The Sixth Sense〉는 지금까지 인구에 회자되지도 않았을 것이다.

그렇다면 일상의 반전은? 인생의 반전은 무엇으로 꾀할 수 있을까? 나는 독서와 쓰기가 그것을 가능케 한다고 확신한다.

지구를 살다간 수많은 현인의 생각을 단돈 만 얼마에 읽을 수 있으니 이 얼마나 엄청나게 큰 축복인가. 그것을 읽고 나의 깨달음을 글로 정리한다면, 그래서 그 생각들이 몸과 머리를 통과해 고스란히 내 것이 되게 만든다면? 그보다 더 큰 공부는 없을 것이다. 그렇다면 '어떻게' 읽을 것인가? 나는 독서법을 크게 세 가지로 정리해봤다.

첫째, 행하는 독서

덮으면 제목도 가물가물한 독서 말고, 읽은 것을 삶에 그대로 적용하는 독서법을 말한다.『피터 드러커 자서전』을 읽었다면 그가 어떻게 지식을 향유하고, 다양한 분야에서 두각을 드러내게 되었는가를 스스로 탐구한 뒤 자신의 삶에도 적용해보는 것이다.

『마케팅 불변의 법칙』을 읽었다면 자신의 사업 분야에 책에서 배운 마케팅기법을 직접 실험해보는 것이다. 행하는 독서는, 어떻게 보면 모든 독서의 궁극적 목표이자 추구해야 할 꼭짓점이다.

둘째, 쓰는 독서

주로 소설이나 에세이 등 작가의 개성이 드러나는 책을 읽을 때 추천한다. 쓰는 독서는 반드시 정독을 요한다. 한 글자 한 글자 가능하다면 손으로 짚으며 읽어 내려가기를. 읽는 도중 만나는 아름다운 문장, 개성 가득한 문체, 은유의 표현법, 설레거나 자극을 주는 문구를 노트에 적으며 읽는 독서법이다.

쓰는 독서는 벤저민 프랭클린Benjamin Franklin의 독서법으로도 유명하다. 무학의 벤저민 프랭클린은 아마도 독학의 고수였을 것이다. 모든 지식과 정보를 책에서 얻었을 테니까. 그는 책을 읽을 때 그냥 읽는 것이 아니라 매우 능동적이고 적극적으로 읽었다. 명문장은 그대로 베껴 쓰고 그 밑에 자기 생각을 정리하며 글쓰기 훈련을 했다.

셋째, 성찰의 독서

독서를 통해 고정관념을 탈피하는 것이다. 즉, 자신만의 BOX에서 벗어나는 독서법이다. 이를 가능하게 하기 위해서는 생각하고, 생각하고, 또 생각하는 수밖에 없다. 책에서 읽은 내용에 스스로 질문을 만들고, 던지고, 해결하는 것이다. 필요하다면 작가의 의견에 반박하고 수정하고 내 생각을 덧붙여라. 성찰하는 독서의 목표는 전략적 사고방식을 갖는 데 있다. 당연하게 생각한 모든 판을 뒤집고 사물의 본질과 핵심을 꿰뚫기, 다르게 보는 눈 갖기, 그리하여 내 인생을, 운명을 다시 설계하기.

결론은 '변화'다. 서툴지언정 한 발 한 발 소심한 걸음을 떼는 변화, 그리고 그것을 가능하게 하는 힘은 독서다. 모든 책을 끝까지 읽을 필요는 없다. 교양 있어 보이는 책만 집어 들 필요도 없고, 베스트셀러라고 다 좋은 책도 아니다. 노벨문학상을 받은 소설보다 20대 여배우의 에세이에서 더 큰 공감과 기쁨을 느꼈다면 그게 좋은 책이다. 남들이 좋다니까 좋은 책 말고 내가 좋아서 좋은 책 목록을 만들어야 한다. 다른 건 몰라도 인생길의 동반자가 되어줄 독서목록은 가지고 가야 한다. 아까 말했듯 안전장치, 자동차로 치자면 에어백 같은 존재를 지니고 살자는 거다.

쓰	기	를		위	한		읽	기	-			
글	쓰	기	에		힘	을		실	어	주	는		책	들

01 스티븐 킹Stephen Edwin King 『유혹하는 글쓰기On writing』- 창작론의 고전(古典)과도 같은 책이다. 『쇼생크 탈출The Shawshank Redemption』, 『미저리Misery』, 『그린 마일Green mile』 등 발표하는 소설마다 베스트셀러가 되고 영화화되는 세계적 작가 스티븐 킹의 글쓰기 비결을 들여다볼 수 있다.

02 박웅현 『책은 도끼다』- 박웅현 특유의 '들여다보기' 독법을 전수할 수 있는 책. 창의적 발상이 곧 업무인 카피라이터로서 어떻게 대중을 사로잡는 창의력을 발휘할 수 있는지, 자신을 성장시키고 편견을 깨뜨리는 '생각'을 확장할 수 있는지 이 책을 통해 잘 보여준다.

03 유시민 『유시민의 글쓰기 특강』- 이 책은 글이라는 연장을 다듬는 법부터 자세히 알려준다. 글쓰기의 원칙과 이론을 쉽고 재미있게 설명해줘서 부담 없이 읽을 수

있다. 다만 시나 소설, 에세이가 아닌 논리적 글쓰기에 초점이 맞춰져 있다.

04 은유 『글쓰기의 최전선』- 열다섯부터 글 쓰며 일하는 삶을 꿈꾸었다는 저자는 증권사 직원으로, 주부로 살다가 삼십 대 중반에야 '진짜' 글쟁이가 된다. "생의 모든 계기가 그렇듯이 사실 글을 쓴다고 크게 달라지는 것은 없다. 그런데 전부 달라진다. 삶이 더 나빠지지는 않고 있다는 느낌에 빠지며 더 나빠져도 위엄을 잃지 않을 수 있게 되고, 매 순간 마주하는 존재에 감응하려 애쓰는 '삶의 옹호자'가 된다는 면에서 그렇다." 저자는 특히 글을 쓰기 시작했을 때 누구나 맞닥뜨리는 문제와 고민을 섬세하게 포착하여 풀어낸다. 서슴없이 펜을 들게 만들어주는 책이다.

05 샌프란시스코 작가집단 『글쓰기 좋은 질문 642 642 things to write about』- 쓰기는 써야겠는데 '무엇'으로 종이를 채울지 막막하다면 이 책이 견인차가 될 것이다. 무려 642개나 되는 주제를 던져주고 있으니 말이다. 뇌를 자극하는 영감과 상상으로 가득한 질문들에 답하다 보면 어느덧 '나'라는 퍼즐도 모양을 드러내게 될 것이다. 결국 모든 글쓰기는 나를 궤도로 도는 거니까.

06 줄리아 카메론Julia Cameron 『나를 치유하는 글쓰기』- 저자는 그 유명한 마틴 스콜세지Martin Scorsese 감독의 아내였던(?) 사람이다. 그녀는 칸 영화제 황금종려상을 수상한 영화 《택시 드라이버Taxi Driver》와 영화 《뉴욕 뉴욕New York, New York》의 각본을 남편과 공동집필할 정도로 글재주가 많았지만, 그의 이름 뒤에 묻

혀 우울감과 정체성 혼란에 시달린다. 그 와중에 남편은 나이 어린 모델과 바람이 나 이혼까지 겪었다. 줄리아 카메론은 그 고통의 순간을 글쓰기로 치유했고, 고통에 정면으로 맞섰다. 쓰기로 우울증과 알코올 중독을 치료했다. 이후 그녀는 글쓰기 치료프로그램을 개설해 많은 사람을 돕고 있으며, 30권에 달하는 책을 썼다. 또한 감독 데뷔작인 영화《신의 뜻GOD'S WILL》으로 세계 페미니즘 영화제의 주목을 받았고 런던 영화제에서 감독상을 받았으며, 40대 중반에 직접 작사, 작곡한 뮤지컬《아발론AVALON》을 무대에 올렸다. 글쓰기는 그녀의 삶을 완전히 바꾸어 놓았다.

07 박남일『우리말 풀이사전』- 우리 옛말은 아름답다. 재치가 넘치면서도 친숙하고, 고귀한 느낌마저 든다. 그런데 안타깝게도 우리말은 점점 사라져가고 있다. 책은 한 마디로 '반드시 살려내야 할' 우리말의 상세한 풀이사전이다. 일상적으로 누구나 활용할 수 있는 우리말 600여 개의 뜻과 어원을 재미있게 담고 있다.

08 도러시아 브랜디Dorothea Brande『작가 수업Becoming a Writer』- 스티븐 킹의『유혹하는 글쓰기』와 더불어 글쓰기 책의 양대 산맥과 같다. "글을 쓰려면 길들지 않은 근육을 써야 할 뿐만 아니라 고독과 칩거를 감수해야 한다", "자신을 평가할 때는 철저해야 한다. 자신을 주도면밀하게 분석하는 작업은 그저 '잘'의 수준이 아니라 '아주 잘' 이루어져야 한다", "천재의 재능이 마르지 않는 이유는 바로 이 때문이다. 천재는 자신에게 일어났던 일은 뭐든 활용한다. 천재는 어떤 상황을 막론하

고 상상력에 기대 거기에 딱 맞는 이야기를 찾아낼 수 있다. 무관심과 권태의 나락으로 빠져드는 것을 거부한다면 삶의 모든 측면을 글의 소재로 되살려 낼 수 있다" 등등. 이 경이로운 저자가 작가를 꿈꾸는 사람들에게 건네는 충고는 단 하나도 버릴 것이 없다.

여행지에서 쓰는 글

이야기를 나누다 보면 누구나 씀씀이가 커지는 물건 하나쯤은 있게 마련이다. 평소에는 짠돌이 소리를 듣다가도 그 '사물' 앞에만 서면 지갑을 열게 되는 어떤 것 말이다. 우리 엄마에게 그것은 그릇이고, 언니에게는 향초다. 남편은 운동복이고, 친구 A는 커피, 희한하게 온갖 브랜드의 붉은 립스틱만 모으는 사람도 봤다. 그리고 나는 단연 노트다.

지금까지 살아오면서 얼마나 많은 노트를 샀고, 썼고, 쌓아왔던가. 떠올리면 지구 환경을 해친 주범 중 한 명이 확실하게 느껴져 말 못할 죄책감이 생긴다. 여행을 갈 때면 나의 '환경파괴'는 정점을 찍는다. 매번 새로 산 노트를 들고 가야 비로소 캐리어를 닫기 때문이다. 여행지에서는 할 얘기가 훨씬 많아진다. 온통 새로움 속에 나를 놓아두니 보이는 모든 것이 내게 속닥속닥 말을 걸고, 번뜻한 영감, 팔팔한 아이디어, 쫀득한 감성과 칼 같은 감각이 살아나 진정으로 숨 쉬는 기분에 젖어 든다. '아, 내 세포 하나하나가 깨어 있구나. 생생히 살아 있구나!' 느껴지는 몇 안 되는 순간이다. 이러니 글을 쓰지 않고 어찌 견디랴. 그래서 여행지에서의 나는 누가 봐도 글쟁이다. 어딜 가나 노트와 펜을 들고 다니며 순간을 포착하고 순간을 듬뿍 산다. 나는 여행이 주는 낯선 환경과 신선한 분위기보다 거기에 놓여 글을 쓰는 내 모습에 더 큰 설렘을 느낀다. 그 기분을 얻고 싶어 여행을 떠나고 싶을 때가 많다. 이국적인 노천카페에서 아이스커피한 잔을 마시며 글을 쓰는 내 모습. 캬아. 무엇도 더하거나 뺄 것 없이 완벽한 순간이다. 누구도 의식하지 않지만 모두를 포착하며 내 속도로 글쓰기. 지나가는 웨이터나 옆 테이블의 손님이 가끔 내 노트를 힐끗거리지만 한국어로 쓰여 있어 오로지 나만 알아볼 수 있는 것도 여행지에서만 느낄 수 있는 쏠쏠한 재미다.

특별한 날의 특별한 글쓰기

나는 여행지에서 반드시 글을 쓰라고 권하고 싶다. 어떤 글이든 상관없다. 디테일한 여행기를 남겨도 좋고, 하루에 한 명씩 눈에 띄는 누군가를 묘사해도 좋다.

한국에 '올레길' 신드롬을 만든 서명숙 씨는 여행과 글이 얼마나 찰떡궁합인지 가장 잘 아는 사람 중 하나다. 대한민국에 산티아고처럼 온전히 걷는 사람들만을 위한 길, 걷고 싶은 만큼 걸을 수 있는 길을 만들겠다는 신념으로 제주 올레길을 한 코스 한 코스 걸으며 개척한 사람. 그리고 그녀는 그 유쾌하고 찡한 과정을 물론 글로 남겼다. 그녀의 『제주올레여행』, 『꼬닥꼬닥 걸어가는 이 길처럼』을 읽으면 한 발 한 발 걸으며 그 자취를 글로 풀어낸 사람만이 쓸 수 있는 제주 풍경의 아름다움, 여행길에서의 인생 재발견의 과정을 듬뿍 느낄 수 있다.

> "대한민국은 너무도 속도가 빠른 나라다. 성적도, 승진도, 집을 넓혀가는 일도, 운동도, 걷기에서도 남보다 빠르기를 원한다. 빨리 가려다 보니 자빠지기도 하고 쓰러지기도 한다. 그런 사람들에게 들려주고 싶다. 저 옛날 제주 할망들의 지혜를. '꼬닥꼬닥 걸으라게.' 걷는 길만이 아니라 인생길에서도 마찬가지다."

대부분의 사람은 여행을 떠날 때 사진기만 챙긴다. 사진이 주변 풍경을 포착한다면 글은 그걸 보는 내 느낌을 붙잡을 수 있는 도구다. 특별한 순간의 감정을 간직하게 하는 유일한 도구. 틈만 나면 여행을 떠나면 좋겠지만 아쉽게도 그게 가능한 사람은 1%도 안 될 것이다. 대부분의 사람에게 여행이란 몸도 마음도 더는 묵힐 수 없는 묵은지가 되어서야 떠나는 것일 테다. 월차에 연차를 아끼고 아꼈다가 떠나거나, 친정이나 시댁에 온갖 뇌물공세를 펼치고 아이를 맡긴 뒤 떠나거나. 매달 술자리 두 번 안 갖고 차곡차곡 모은 쌈짓돈이나 가뭄에 콩 나듯 받은 보너스로 다녀오는 경우가 대부분일 거다. 말하자면 인생에 몇 안 되는 아주 특별한 경험을 만들기 위해 떠나는 특별한 날들인 셈이다. 그런 날의 기억을 단지 사진 몇 장에 포착한다는 것은 아쉽고도 찜찜하다. 사진은 풍경과 사람을 기억할 테지만 당시 간직한 생생한 내면을 표현할 수는 없다.

홋카이도 삿포로에서 열리는 겨울 축제. 눈부신 설원에 펼쳐지는 겨울왕국을 감상하러 남편과 떠난 여행. 손발은 꽁꽁 얼었지만 마음은 여름 한낮보다 뜨거웠던 시간을 글이 아니고 무엇으로 묘사할까? 그 밖에도 결혼 전 베스트프렌드와의 베트남 여행, 취업 전 강원도에서 전라도까지 전국 일주, 아이와 함께 처음 비행기를 타던 날, 부모님 칠순 효도 여행. 이런 특별한 날들에는 특별한 글쓰기가 필요하다. 여행지에서는 생활 터전에서 발견하지 못한 새로운 나, 새로운 감정과 새로운 관점을 발견할 가능성이 크다. 그래서 유독 여행을 통해 영감을 일깨우는 예술가들이 그토록 많은가 보다. 물론 예술가들에게만 영감이 필요한 건 아니다. 우리 모두에게는 영감과 창의력이 필요하고, 인생을 최대한 예술적으로 포장할 권리가 있다. 그게 품격 있게 사는 법 아닐까? 일상에서 그게 불가능하다면 가끔 떠나는 여행지에서라도 그걸 수혈 받아야 한다. 잘 산다는 것? 그건 좋은 기억을 많이 갖는다는 것 아닐까? 나에 대해, 주변 사람들에 대해, 이 세상에 대해 말이다.

철학적 단상이 아니어도 된다. 그냥 느리게 마음을 들여다보며 글을 써보길 바란다. 돌아갈 곳이 있음에 감사하는 마음을 쓰거나, 카페에서 본 특이한 인테리어 소품에 대한 감상을 적어도 좋다.

간혹 87세가 된 내 모습을 상상한다. 그 나이가 되면 모르긴 몰라도 외제차나 고급빌라, 명품가방에 욕망을 갖지는 않을 것 같다. 새로운 비즈니스 기회나 인맥확장과 같은 야망도 없을 것 같다. 대신 지난 시간을 복원하며 살게 될 것 같은데, 그때의 나에게 이렇게 말해주고 싶은 것이다. 너 꽤 드라마틱하게 살아왔다고. 너 자신과 가족과 자연과 이 세상을 사랑했으며, 도전하고 탐구하고 희구하길 멈추지 않았다고.

그리고 그것에 대한 증거물이 바로 여행지에서의 내 기록들이다.

앞으로도 세상을 두루두루 거닐며 나만의 특별한 성찰을 글로 남기고 싶다. 내가 얼마나 다양한 활동을 통해 육체와 정신을 골고루 사용했는지, 처음 만나는 사람들과 쉽게 친해지고 마음을 열어왔는지, 길고 짧은 여행을 거듭하며 인생 전체를 어떻게 변화시키는지를 낱낱이 기록하겠다. 87세가 되어 그 글들을 읽으며 나 자신에게 미소 지을 수 있도록.

교환 노트,
함께 글 쓰는
시간

욕망에는 좋은 욕망과 나쁜 욕망이 있다. 행복에 이르는 길은 삶에서 좋은 욕망을 추구해가며 나쁜 욕망을 내려놓는 연습을 게을리하지 않는 것이다. 버트런드 러셀Bertrand Russell의 『행복의 정복Conquest of happiness』에도 비슷한 이야기가 나온다. 그는 자신이 행복한 비결에 대해 이렇게 말했다.

"내가 가장 갈망하는 것이 무엇인지 알아서 대부분은 손에 넣었고, 본질적으로 이룰 수 없는 것들에 대해서는 깨끗하게 단념했기 때문이다."

말하자면 자신이 원하는 좋은 욕망은 열정적으로 뒤좇으면서, 아무 영양가 없는 나쁜 욕망은 일찌감치 체념하고 살았다는 이야기다.

그렇다면 좋은 욕망에는 어떤 것이 있을까? 지식에 대한 탐구와 영적 성장에 대한 의지, 사랑에 대한 갈망, 공동체의식, 즉 '함께'를 추구하는 마음 등이 그 대표 격이지 않을까?

　욕망 이야기를 먼저 늘어놓는 이유는, 생각해 보니 이번 주제인 '함께 쓰기' 안에 좋은 욕망의 대표 격이 전부 모여 있기 때문이다.

마음을 나누는 교환 노트

　'교환 노트'는 중고등학교 때 유행하던 '교환일기'와 비슷하다. 단짝과 노트 한 권에 시시콜콜 마음을 나누며 울고 웃던 교환일기. 친구와 싸우기라도 한 날에는 서로 자존심 날을 세우느라 백지상태인 일기가 한참 오갔던 기억이 있다. 그러다 어느 날 용기를 낸 누군가가 감성폭발의 사과 글을 먼저 작성하면 또 한참 동안 눈물 없이는 볼 수 없는 우정과 의리와 용서와 사과의 문장들이 빼곡히 적혀져 오갔다.

　손으로 눌러쓴 정성 어린 글자, 아무에게도 털어놓을 수 없는 비밀스런 이야기들, 상대방의 다음 이야기가 궁금해 돌아올 일기장을 기다리던 시간. 생각해 보면 정말 풋풋한 추억이다. 아날로그 세상에 살았던 사람들만 간직하고 있는 예쁜 기억이다.

　그런데 디지털 시대에 살고 있다고 그게 왜 불가능할까? 얼마든지 가능하다. 사춘기 시절의 감성은 물 건너갔겠지만, 나이를 먹어도 열정과 꿈은 그대로인 나의 한통속(?)들과 뭉칠 준비만 끝냈다면.

『이젠 함께 쓰기다』라는 책은 한통속끼리 제대로 뭉쳐 일을 벌인 결과물이다. 그들은 불금의 술자리도 마다하고 매달 첫째 주 금요일 저녁마다 강남의 북카페에 모여 조용히 글을 쓰고 남의 글을 피드백한다. 직업도, 나이도, 성별도, 성격도 각기 다른 사람들이 옹기종기 모여 함께 글을 읽고 쓰는 모습을 떠올려보자. 마음이 참 환해진다. 그들은 글쓰기 습관을 만드는 데는 최고인 100일 글쓰기, 창작의 로망을 실현해주는 소설 쓰기, 글쓰기 내공을 키워주는 서평 쓰기, 영화의 감동을 글로 음미해보는 영화 리뷰 쓰기, 논리적 글쓰기를 하고픈 이들에게 유용한 요약 글쓰기, 자신의 삶을 돌아보고 치유하는 에세이 등 다양한 글쓰기 모임을 함께하며 자기 자신을, 꿈을, 삶 전체를 차근차근 점검해간다.

그들은 술자리, 데이트, 영화관람 등 숱한 즐길 거리를 두고 굳이 글쓰기를 택한 이유에 대해 이렇게 이야기한다.

'마감이 있는 글쓰기를 위해서'

에잉? 조금 뜬금없다. 마감을 위해 불금에 한자리에 모여 글을 썼다고?

알다시피 글쓰기에서 가장 중요한 것은 완결성이다. 한 줄 쓰다 만 글, 꼬리도 없이 흐지부지해져 버린 글은 누구에게 보여줄 수도 없다. 하지만 혼자서 꾸준히 완성된 글을 쓴다는 것이 얼마나 어려운 일인지 잘 알 것이다. 그들이 모인 이유는 이 때문이다. 누군가에게 보여주기 위해서는 완결성이 있는 글을 쓰게 되며, 계속해서 글을 쓰다 보면 자연스럽게 글

쓰는 습관을 들일 수 있고, 자신의 글을 공개하고 의견을 듣는 과정을 통해 글쓰기에 대한 자신감을 기를 수 있기 때문이다.

　마음에 맞는 사람들과 삼삼오오 모여 그룹을 이룬다. 그리고 노트 한 권을 준비한다. 기왕이면 두껍고 단단한 대학노트로 준비하자. 앞으로 많은 손을 타게 될 운명의 노트이기 때문이다. 이제 중요한 것은 주제를 정하는 일이다. 모임 구성원에 따라 주제는 다양하다. 산후조리원 동기 모임이라면 주제는 '육아의 고단함'(혹은 팍팍 와 닿는 재미있는 문구로 지어도 좋겠다. 이를테면 '이 죽을 놈의 육아', '그래, 나 나쁜 엄마다' 등등). 일주일에 한 번씩 돌아가며 자신의 내면을 관찰하고 솔직한 글을 쓰는 것이다. 남편이나 친정, 시댁 식구들에게도 털어놓을 수 없는 이야기가 우정의 공동체 안에서는 술술 흘러나오게 된다. 모두 같은 상황과 처지에 놓인 동지들이기 때문이다. 'SNS 단체 채팅도 있는데 왜 굳이?'라고 묻는다면 이렇게 대답하고 싶다. 금방 소멸되는 짧은 글은 딱 그 길이만큼의 사고를 가능하게 한다. 애초에 호흡을 가다듬고 내 생각을 정리할 수 있는 시간과 분량이 아니다. 같은 '함께 쓰기'라고 해도 아예 다른 성격의 글이다. SNS 단체 채팅 안에서 미래인생의 좌표, 깊은 우울감과 이에 대한 극복 의지, 삶의 철학을 논하기는 힘들다. 실시간으로 이루어지는 급박한 소통 창구이기 때문이다.

　돌아가면서 글을 쓰면 이를 본 구성원들은 짧은 코멘트를 달아준다. 이를 통해 누군가 함께하고 있다는 공감과 위로가 쌓여 더 돈독한 관계를 이어갈 수 있음은 물론이다.

육아 토론 뿐 아니라 독서록 쓰기, 인생후반전 설계, 워킹맘 모임, 영화 비평, 해외이민준비 등 사실상 모든 주제로 함께 쓰기가 가능하다.

다시 예를 들어보자. 독서록 교환 노트의 경우 책 한 권을 읽고 이에 대한 감상을 돌아가며 작성하는 것이다. 내가 놓친 부분을 깨달을 수 있고 전혀 다른 각도에서 글을 읽는 사람들로 인해 생각의 차이를 발견할 수 있다. 단 몇 차례만 이 과정을 밟아도 정말 인식이 넓어진다는 게 어떤 말인지 이해되는 기분이다. 프랑스 문화가 서로의 생각을 나누는 살롱문화에서 탄생했다고 하던데, 누군가와 함께 생산적 나눔에 동참해보면 안다. 얼마나 재미있고 의미 있는지 말이다.

함께 쓰며 '나'를 인식하다

살면서 같은 주제 아래 여러 사람이 머리를 맞대고 고민하여 그 결과를 글로 남기는 기회는 쉽게 찾아오지 않는다. 주체적으로 나서서 만들지 않으면 평생 한 번도 안 올지 모른다. 서구권에서는 토론문화가 발달하여 뭔가를 '함께'하는 일이 낯설지 않다. 하지만 우리나라에서는 아직도 셋 이상 모여 자기 생각과 의견을 타인에게 터놓는 게 익숙하지 않은 사람이 많다. 사실 누군가와 함께한다는 것은 그만큼의 부담과 책임이 뒤따르는 일이다. 대충 하고 넘어갈 수도 없고, 빠지고 싶다고 건너뛸 수도 없다. 의무적으로 할당량을 채워야만 다음 스텝이 가능하다. 따라서 평소 혼자서 계획한 일이 작심삼일 이상 지속되지 않은 사람에게는 많은 것을 배울 수 있는 멋진 경험이 될 것이다.

교환 노트의 이점은 예상보다 훨씬 많다. 타자를 체험할 수 있다는 것, 공감 속에서 내면을 치유할 수 있다는 것, 구성원들과 더 돈독하고 조화로운 관계가 가능해진다는 것, 사회적 책임감을 배울 수 있다는 것 등등. 그중에서 내가 생각하는 가장 큰 매력은 더 강한 나를 인식하게 한다는 것이다. 예전에는 차마 발견하지 못했던 내 모습, 다른 사람의 눈에 비친 솔직한 내 모습을 알게 해준다.

이전에 나와 함께 쓰기를 했던 A 씨는 객관적으로는 꽤 화려한 커리어와 라이프스타일을 가진 여자였다. 그런데 글을 쓰며 알았다. 그녀는 아주 작은 실수도 무시무시한 괴물로 취급하고 있었다. 그녀 삶의 좌우명은 마치 '절대로, 절대로 실수하지 말자'인 것 같았다. 물론 그 사실은 그녀만 몰랐다. 그녀의 글에 나타난 두려움을 지적해주자 정말 크게 놀라며 처음에는 약간의 불쾌감을 드러냈다. 그러나 함께 쓰기가 막을 내린 뒤 해당 경험이 자신을 진정으로 돌아보는 계기가 되었다며 고마움을 표시했다. 이렇듯 내 눈엔 보이지 않는 것이 타인에겐 확실히 드러나게 되는 경우가 많다. 또한 글을 쓰며 나를 풀어놓는 과정에서 무의식의 내가 수면에 떠오르게 되기도 한다.

새로운 것을 받아들이고 나만의 것으로 체화하는 프로세스가 공부라면, 교환 노트는 나를 성장시켜주는 큰 공부다. 공감하고 이해하는 능력이 21세기 감성 인재의 조건이라면, '얼마나 힘들었을까', '얼마나 아팠을까'를 연발하게 되는 교환 노트는 나를 업그레이드 해주는 멋진 경력이다. 고민하고 풀어내는 법을 배우는 것이 진짜 어른이 되는 길이라면 쓰기를 통해 생각하는 힘을 키우는 교환 노트는 영혼의 근육을 단련하는 장이다.

노	트		한		권	으	로		일	구	는			
행	복		공	동	체	-	교	환		노	트		활	용	법

교환 노트 쓰기 모임 이렇게 시작해보자!

1. 쓰기 모임을 이끌 주제를 선정한다

예. 인생 후반전 준비 모임, 치기공하는 여인네들의 모임, 만년과장들의 인문학 필사 모임, 직딩녀 스트레스 해소방, 공황장애 치유 모임, 대만영화광 모임, 철학과 커피 모임, 성공 다이어트 모임, 쇼핑몰 CEO 모임, 아동심리 공부하는 엄마들 모임.

2. 선정한 주제에 관심을 가진 사람들을 모은다

인원은 4~5명 정도가 가장 좋다. 너무 많으면 내 차례 한 번 기다리다가

지치고, 그러다 보면 열정과 흐름이 끊긴다. 반면 너무 적어서 이틀에 한 번씩 내 차례가 돌아오면 다양한 생각을 받아들일 기회도 없을뿐더러 쓰기가 오히려 부담으로 다가오게 된다.

3. 모두 한 번씩 글을 썼다면 오프라인 모임을 갖는다

한 사람에게 3일 정도의 시간적 여유를 준다. 모임 멤버가 4명이라고 하면, 대략 12일에서 14일 정도의 시간이 걸릴 것이다. 이때 모임 리더가 오프라인 만남을 주선한다. 함께 둘러앉아 차를 마시며 그간의 일상을 공유하고, 글쓰기 후기를 생생하게 나눈다.

4. 모임 리더의 역할이 매우 중요하다

어떻게 화합을 이루어낼 것인지를 모임 리더가 결정하기 때문이다. 오케스트라로 따지면 리더는 곧 지휘자이다. 앞에서 진두지휘하며 개개인의 디테일까지 살펴야 한다. 상대방의 의견을 존중해주는 사람, 책임감이 크고 성실한 사람, 무엇보다 정확한 의사 표현과 역할분담의 리더십을 가진 사람을 뽑는 것이 좋다.

5. 매번 주제는 다 함께 정하거나 첫 만남에서 미리 정해둔다

첫 만남에서 10개 정도의 주제를 뽑아 글을 써도 좋고, 처음 주제만 정한 다음 오프라인 모임마다 만나서 다음 주제를 선정해도 된다. 정해진 틀은 없으니 각자의 융통성을 발휘하자.

6. '우리만의 조항'도 준비한다

글을 안 쓴 사람은 다음번 모임에서 풀코스로 쏘기, 매번 글은 한 페이지 이상 쓰기, 비밀보장은 필수, 회비는 매회 2만 원 등등 아무리 사적인 만남이라도 여러 사람이 모인 자리인 만큼 약간의 룰은 필요하다. 모임을 튼튼하게 오래 유지하는 비결이라 할 수 있다.

내 책
쓰기를 위한
52주

'퍼스널브랜딩personal branding'이 대세라면 대세다. 나를 홍보하고 가치 있는 상품으로 포장하는 것은 일부 연예인이나 유명인에 국한된 일이라 여겨졌지만, 지금은 직장인도 프리랜서도 심지어 가정주부도 '나' 브랜드를 구축하는 시대다. 제대로만 가꿔놓으면 평생직장이 보장되기 때문이다. 대기업도 전문직도 정년이 불안정한 이 불확실성의 시대에 은퇴 없는 직장이 가능하다면 얼마나 든든할까? 하고 싶은 일을 하며 사는 '꿈 같은 삶'도 크게 불가능하진 않다. 이를 위해 퍼스널브랜딩 전문가들은 입을 모아 말한다. 당장 '내 책 쓰기'를 시작하라고. 전문가들이 내놓는 프로그램, 홍보전략 등은 전부 다르지만 그들이 공통으로 주장하는 한 가지가 바로 '내 책을 쓰라'는 주문이다.

책을 쓴다는 게 뚝딱 이루어지는 일은 아니다. 하지만 그래서 참 다행이지 않은가. 책 쓰는 게 그토록 간단한 일이었다면 별 가치도 없었을 뿐 아니라 도전해 볼 재미도 덜했을 것이다. 책을 쓴다는 것은 일단 차별화된 정보를 바탕으로 잘 짜인 콘텐츠가 묶여야만 가능하다. 그리고 무엇보다도 엄청난 지구력을 필요로 한다. 작심삼일이 100번쯤 반복되어야 비로소 한 권의 책이 완성된다. 그래서 책 한 권 쓰고 나면 인내심이 말도 못하게 성장해있다.

하지만 그만큼 '골치 아픈' 일이기에 완성한 뒤 얻게 되는 이득은 실로 엄청나다. 책을 내면 일단 삶의 모양이 달라진다. 어떤 일이 벌어질지는 책을 내봐야 알 수 있다. 10만 부 이상 쭉쭉 나가는 베스트셀러 작가가 될지, 대학과 기관에서 강연요청이 쇄도하게 될지는 아무도 모르는 법. 공중파 방송국에서 취재요청을 할 수도 있고, 꽃단장 하고 잡지인터뷰에 응하게 될 수도 있다. 내 이름 석 자 앞에 땡땡땡 전문가라는 타이틀이 붙게되고, 관련 업체에서 콜라보레이션 요청을 하거나 아예 명함을 파줄 수도 있는 일! 어떤 일이 벌어질지는 책을 낸 당사자도 출판사도 모른다.

혹 바람 한 점, 파도 한 줄 없이 잠잠하다 하더라도 이미 변화는 시작됐다. 책을 준비하고, 작성하고, 세상에 내놓기까지의 과정에서 변화가 없다는 건 불가능하다. 아무리 간단한 주제의 책이라도 치밀한 전략으로 준비해야 출간할 수 있는데, 그러기 위해서는 일상과 삶의 탁월한 운영자가 되어야 하기 때문이다. 내 시간과 열정과 지식과 신념을 한데 모으는 작업. 그 엄청나다면 엄청난 작업 속에서 필자는 꿈을 이뤄가는 방법을 스스로 터득하게 되기도 한다. 그래서일까? 주변에도 책을 낸 저자들이 상당한데, 그들 대부분이 '언행일치'의 대가들이다. 그들은 말하는 대로 실현하는 루트를 알고 있고, 목표를 위해 돌진하는 가공할 인내력과 추진력을 가지고 있으며, 새로운 것을 배워가고 세상을 변화시키는 정열과 발상이 가득 있다. 나는 이 모든 것이 책을 내봐서 가능한 일이라고 확신한다.

당신이 누구든, 무엇을 하든

1년 52주를 '책 쓰는 한 해'로 설정하자. 경험상 결코 불가능한 시간이 아니다. 나는 25살에 첫 책을 출간했는데, 이후 7권의 저서, 2권의 기획도서를 해마다 출간했다. 이 책까지 도합 10권의 책을 지난 10년간 꾸준히, 아주 성실히 써왔다. 정확히 52주에 한 권씩 작업한 셈이다. 52주는 책 한 권을 쓰기에 매우 적합한 시간이다.

책을 안 읽고 안 써도 어김없이 흘러가게 될 1년 52주를 작가로 재탄생하기 위한 시간으로 완성하는 것이다. 이것은 다시 말해 긴긴 삶에서 지극히 창조적이고 비밀스러우며 아름답지만 전투적인 1년을 갖겠다는 계획이다. 인생의 20년쯤은 의무교육의 현장에서, 나머지 20년쯤은 남편이나 아내, 혹은 모 직장의 모 과장의 타이틀로 살아가게 될 텐데 1년쯤은 글 쓰는 해로 만들어도 괜찮지 않을까? 우리는 모두 그런 '섹시한' 1년을 가질 권리가 충분히 있으니까.

또박또박 쓰고, 또렷또렷 읽으며 내 안에 깃든 또 다른 나를 하나둘 꺼내는 작업. 살아있는 모든 것에 관심을 두고, 당연시하던 세계를 우지직 찢고 나오는 경험. 아기 하나를 키워내는 인내와 정성을 온통 백지 위에 쏟는 시간. 첩첩한 산속이나 컴컴한 바닷속이 아니라도 매일 자신과 침묵 속에 독대하며 무의식의 지평마저 넓혀가는 의식. 내가 생각하는 '1년 52주 글쓰기'가 품고 있는 풍경들이다.

모든 일이 그렇듯 계획표만 잘 세워도 절반의 성공이다. 그게 아니라면 왜 거의 모든 회사에 전략기획실과 전략회의가 존재하겠는가? 모두 지도를 잘 그리기 위해서다. 책을 쓸 때도 그것은 결정적 역할을 한다.

먼저 처음 3주간 책 쓰기가 가능한 주제를 5가지 정도 생각해본다. 대학전공이나 회사직무와 연관이 없어도 괜찮다. 남들보다 재미있고 깊이 있게 할 수 있는 나만의 콘텐츠를 떠올리면 된다. 할 줄 아는 게 아무것도 없다고 토로하는 사람들이 많은데 그건 엄연히 사색의 부족 때문이다. 누구나 책 한 권 분량의 '내 스토리'는 가지고 있다. 이른 결혼으로 10년 넘게 전업주부 생활을 한 사람에게 연년생 아이들을 키우며 터득한 육아 노하우가 있다면 이것이야말로 훌륭한 책 쓰기 소재다. 직장생활 틈틈이 휴가를 쪼개고 쪼개 여행을 다닌 사람이라면 그 비법을 전해주면 된다.

실제로 그렇다. IT 회사에 다니며 순전히 개인적 호기심으로 영어 단어의 어원을 공부하여 책을 쓴 직장인, 아이를 키우며 직접 해먹인 이유식 레시피를 책으로 묶은 주부, 무료로 운영하는 SNS 채널의 감성 시들을 책으로 낸 대학생 등등 저자약력을 자세히 살펴보면 생각보다 너무나 다양하다. 그밖에도 성공한 1인 기업에 대한 관심으로 그들을 인터뷰하여 책을 쓴 사람, 많은 이의 로망인 '제주살이'를 자세히 풀어낸 사람, 투잡으로 운영하던 화장품도매업에 대한 노하우를 엮은 사람 등등 어디서 어떤 일을 했던 누구라도 작가데뷔가 가능하다.

나의 첫 책은 중국 관련 에세이였다. 스물다섯 살. 경력이나 연륜은 턱없이 부족했지만 남들보다 큰 목소리를 낼 수 있는 분야를 고민해봤다. 그러자 쉽게 답이 나왔다. 14살 때부터 대만을 여행하고 남들보다 일찍 중국을 오가며 경험한 중국생활 정보를 엮어보기로 한 것이다. 겨우 스물다섯 살이었지만 고민해보니 책 한 권 분량의 쓸거리가 충분했다. 그러니 누구든, 무엇을 하든 책의 저자가 될 자격이 충분하다.

나만의 매력을 찾아라. 나의 과거와 현주소를 샅샅이 뒤져 나만 할 수 있는 내 영역을 발견하라. 그렇게 대략 3주의 시간 동안 나를 돌아보고 철저히 분석해보자. 내 고유의 색깔이 묻어나는 이야기, 남들보다 많은 양의 정보를 가진 분야, 켜켜이 경력과 경험을 쌓은 주제를 고심해보는 것이다.

나와 경쟁하는 시간

주제를 정했다면 이에 해당하는 자료를 모으고 정보를 분석할 시간이다. 예를 들어 '블로그마켓 성공사례'와 관련된 분야라면 다양한 참고자료를 살펴본다. 한 권의 책이 완성되기까지 참고해야 할 배경 책은 적게는 수십 권에서 많게는 수백 권이다. 다만 인터넷보다는 전문서적이나 논문, 해당 분야 종사자의 인터뷰 등을 참고할 것을 권한다. 알다시피 인터넷이란 검증 안 된 정보들도 무수히 넘쳐나기 때문이다. 대체로 편리한 것은 크게 믿을 게 못 된다. 내가 판 발품, 손품만큼만 내게 되돌아오게 마련이다.

이후 다섯 달, 대략 25~30주 정도는 본격적인 초고작성의 시기로 삼는다. 일단은 자신을 믿고 그간 하고 싶었던 말들을 마구 쏟아내어 분량을 채우는 것이 중요하다. 이후 퇴고까지 '암기할 정도'로 들여다보며 수정해야 할 원고이니 초고는 펜이 가는 대로 최대한 자유롭게 작성한다.

초고 수정은 대략 3회 이상을 필요로 한다. 편집자 성향에 따라 다르고, 원고 상태에 따라 또 다르다. 하지만 최소 3번 정도는 원고를 다듬고 점검할 필요가 있다. 필요에 따라 5번, 7번 원고가 오고 갈 수도 있다.

퇴고한 뒤에는 저자 나름의 홍보전략을 수립해보고, 제목 및 부제를 정하고 나면(제목이 가장 먼저 나오는 경우도 있다) 이제 책을 기다리는 시간만 남았다. 바야흐로 '나와의 경쟁'에서 승리한 것이다. 한 권의 책을 탄생시킨 것은 내 분신 하나를 세상에 내놓은 것과 같다. 펄떡이며 살아 숨 쉬는 생각과 경험들이 내 분신이 아니고 무엇이겠는가?

가장 강력한 '진짜' 자기계발은 내 책을 쓰는 것이다. 이를 위해 끝없이 공부하고, 연구하고, 필요하다면 전문가를 만나 기꺼이 조언도 구해야 한다. 책이 나온 뒤에는 질리도록 퇴고를 거듭하고, 홍보 및 마케팅 전략도 혼자 세워봐야 한다. 이 모든 과정이 돈 주고 살 수 없는 무지막지한 공부다.

몇 해 전 한 매체에 실린 공부벌레 안철수의 인터뷰를 봤다. 현재는 정치인으로 활약하느라 바빠서 상황이 달라졌을 수도 있지만, 당시 인터뷰의 골자는 이러했다.

전혀 모르는 분야라도 평소 관심 있던 주제라면 일단 칼럼 의뢰에 승낙한다. 그리고 약속을 지키기 위해 해당 기술 및 정보에 대해 엄청난 양의 책을 읽고 글을 쓴다. 그렇게 마감일도 지키고, 새로운 분야에 대해 공부도 한다. 일명 '책임감 공부'다.

한때 인터넷에서는 '안철수식 책임감 공부'가 크게 화제가 된 적이 있다. 책을 쓰는 것도 이와 비슷하다. 출간계약서까지 작성한 마당에 약속을 번복할 수도 없으니 무슨 일이 있어도 마감일을 지켜 책을 내야 하고, 글을 쓰기 위해 수험생처럼 공부하고 고민해야 하니 지식과 지혜가 자랄 수밖에 없다. 그러다 보면 내적 외적으로 크게 성장한 자신을 발견하게 된다. 마감일을 정해놓은 방대한 글쓰기. 그만큼 한 사람을 성장시키는 프로젝트는 드물다.

책 쓰기는 인생 2막을 열기 위한 언덕이 아닐까 싶다. 실제로 책을 낸 저자들의 모임에서 다들 입을 모아 했던 얘기가 "책을 쓰기 전과 후로 인생이 나뉜다"였다. 나도 마찬가지다. 일단 어릴 적 꿈을 이루었다는 자체가 그렇다.

인생이 심심하다면 책을 써보라. 마치 내가 주인공으로 돌아가는 스크린에 들어온 듯, 판타스틱한 별세계가 펼쳐진다. 인생이 밋밋해도 책을 내보라. 독자들의 냉정한 평가, 스스로에 대한 객관적 시각, 다양한 기관의 다채로운 요청들까지, 하루하루 다양한 롤러코스터를 경험할 수 있다. 남다른 경력을 쌓고 싶은 사람, 내 이름으로 된 책 한 번 써보는 게 평생소원인 사람, 나만 알고 있으면 안 되는 엄청난 정보와 스토리를 가진 사람, 모두 모두 환영이다.

내		책		쓰	기	를		시	작	하	기		전	
준	비		운	동										

1. 책 쓰기는 '나 제대로 알기'에서부터 출발한다

일단 '나'를 백지 위에 올려놓고 분석하라. 어떤 삶을 살아왔는지, 그리고 살 것인지. 나의 과거와 현재와 미래를 모두 파헤치는 것이다. 나의 몽상, 우울, 은밀한 꿈, 관계, 가족, 직업과 에너지…… 주관적이고 객관적인 나를 철저히 이해한 뒤에야 불특정 다수를 향해 내 목소리를 낼 수 있는 분야가 무엇인지, 유일무이한 내 이야기가 어떤 건지 알 수 있다.

2. 비밀은 엉덩이 밑에 있다

해리포터가 호그와트로 향하는 비밀의 통로는 다름 아닌 킹스크로

스역 9와 3/4 승강장인 것처럼, 우리가 한 권의 책을 완성하는 비밀 통로는 놀랍게도 엉덩이 바로 밑에 존재한다.

이 무슨 말장난이냐 하면, 얼마나 오래, 꾸준히 버티느냐가 글에 마침표를 찍느냐 아니냐를 결정짓기 때문이다. 그러니 일단 당신의 의자를 사랑해야 한다. 의자와 몸을 놀랍도록 편안한 체위로 밀착시키고, 이제 그 위에서 춤도 추고, 꿈도 꾸고, 울고 웃는 것이다.

3. 필요하다면 분 단위까지 시간을 고려해야 한다

전업 작가가 아니고서야 24시간을 글쓰기에 투자할 수는 없다. 자투리 시간을 쪼개거나, 아침잠을 1시간 줄여서 글을 쓸 수밖에 없다. 그래서 반드시 필요한 것이 체계적인 시간 관리다. 여기에 실패하면 글쓰기도 실패한다고 볼 수 있다. 특히 '책 쓰기'처럼 호흡이 긴 프로젝트의 경우 견고한 의지와 더불어 완벽에 가까운 쓰기계획이 뒷받침되어야 한다.

4. 내 몸을 이루고 있는 것은 탄소와 산소와 질소, 그리고 '공부'

책 쓰기는 공부와 같다. 왜냐하면 책을 쓰기 위해서는 하루도 빠짐없이 공부해야 하기 때문이다. 영혼을 깨우며 늘 읽고, 깨닫고, 배워가야 한다. 얼마간의 집요함과 긴장감, 전의가 필요하다. 그렇게 매일 자신을 뛰어넘는 연습을 하며 책 한 권을 완성하면 몰라보게 훌쩍 자란 자신을 만나게 될 것이다.

52주 책 쓰기 로드맵

1~3주	**주제 선정하기** 나를 돌아보고 철저히 분석하여 나만의 고유한 이야기, 남들보다 많은 양의 정보를 가진 분야, 경력과 경험을 쌓은 주제를 정한다.
4~6주	**출간기획서 작성하기** 주제에 해당하는 자료를 모으고 정보를 분석한다. 다양한 참고자료와 경쟁도서, 유사도서를 살펴본다.
7~8주	**출판사 선정하여 출판계약서 작성하기** 내 책이 어떤 꼴로 나와 서점의 어느 위치에 자리하면 좋을지 생각하고 출판사를 선정해 출간기획서를 보내 계약을 한다.
9~14주	**자료 수집 기간** 한 권의 책이 완성되기까지 참고해야 할 책은 수십 권에서 수백 권에 이른다. 인터넷보다는 전문서적이나 논문, 해당 분야 종사자의 인터뷰 등을 참고할 것을 권한다.

15~40주	**초고 쓰는 시간** 일단은 하고 싶었던 말들을 마구 쏟아내어 분량을 채운다. 초고는 펜이 가는 대로 최대한 자유롭게 작성한다.
41~51주	**퇴고하기** 최소 3번 정도는 원고를 다듬고 점검할 필요가 있다. 필요에 따라 5번, 7번 원고가 오고 갈 수도 있다.
52주	**홍보전략 짜기, 제목 정하기, 최종 점검** 저자 나름의 홍보전략을 수립해본다. 제목 및 부제를 정하고 원고를 최종 점검한다.

Chapter

04

버 티 는   글 쓰 기

계속
글을 쓰게 하는
힘은 무엇인가?

생소하지만 발음이 참 예쁜 에피파니epiphany라는 단어는 전문작가들이 받는 '계시적인 영감'을 의미한다. 원래는 현현顯現, 즉 신의 모습을 보거나 어떤 사물이나 사건의 직관을 꿰뚫는 것을 가리킨다고 알려졌다. 전문작가가 아니더라도 그런 순간이 있다. 설명할 수도, 정의할 수도 없지만, 가슴 저 밑바닥부터 엄청난 어떤 것이 밀려와 글을 쓰지 않고는 못 견딜 것 같은 순간 말이다. 나 역시 그렇다. 속된 말로 '필 받는' 순간이 찾아오면 허겁지겁 노트를 꺼내 섬광 같은 찰나의 감성과 아이디어들을 마구 써내려간다.

영감보다 중요한 것

오랫동안 나는 글을 쓰는 사람에게 가장 중요한 것은 영감이라고 생각했다. 물론 영감은 매우 중요하다. 뜨거운 감성, 진실을 보는 눈, 특별한 지혜, 이런 것들이 작가를 만든다고 생각했다. 그런데 대단한 작가는 아니지만 어쨌든 십여 년 가까이 책을 쓰며 깨달은 게 있다. 지속적으로 글을 쓰는 데 있어서 영감보다 중요한 것은 바로 체력이라는 사실이다.

이 엄청난 비밀(?)을 깨달은 것은 얼마 안 된다. 대학생 때는 하루키村上春樹의 에세이『달리기를 말할 때 내가 하고 싶은 이야기走ることについて語るときに僕の語ること』를 읽으며 그가 왜 그렇게 열심히 뛰는지는 관심이 없었다. 하루도 빠짐없이 뛴다는 그 사실이 그저 대단하다 느낄 뿐이었다. 이제는 그가 왜 매일 뛰는지 알 것 같다. 하루키뿐만 아니라 왜 유독 작가이면서 러너인 사람이 그토록 많은지도 알겠다.

"새벽 4시에 일어나 5~6시간 글을 씁니다. 오후에는 10km를 뛰고, 1,500m를 수영한 뒤 책을 읽고 음악을 듣다가 밤 9시에 잠자리에 듭니다.

저는 이런 일상을 조금의 변화도 없이 매일 반복합니다. 반복은 매우 중요합니다. 최면과 같은 겁니다. 더 깊은 내면으로 저를 이끌어 줍니다. 하지만 이런 반복적인 생활을 오래 지속하려면 많은 정신력과 체력이 필요합니다. 그래서 긴 소설을 쓰는 것은 생존 훈련을 하는 것과 같습니다. 강인한 체력은 예술적인 감수성만큼이나 중요합니다."

가끔은 체력 자체가 실력이 되기도 한다. 엉덩이의 힘이 무엇보다 관건인 글쓰기에서는 더욱 그렇다. 우리는 가끔 정신의 중요성에 매몰되어 육체를 경시하는 우를 범한다. 아무리 정신을 다듬고 가꾸어도 그걸 넣을 그릇인 육체가 깨져버린다면 모든 게 공空이다.

프란츠 카프카Franz Kafka는 또 어떤가? 그는 건강관리를 위해 하루도 빠짐없이 수영했다고 전해진다. 철저한 채식주의자였으며, 날마다 체조를 하고 여름에는 몰다우 강을 1,600m씩 헤엄쳤다고 한다.

하루 이틀이 아니라 십 년 이십 년 계속 글을 쓰고 싶다면 체력이 뒷받침되어야 한다. 전업 작가를 꿈꾸든 취미로 아이를 재우고 글을 쓰든 퇴근 후에 책상에 앉든 모든 건 강인한 체력을 바탕으로 한다. 그리고 따지고 보면 육체는 결국 정신이다. 육체의 문제는 정신력의 문제다.

낮에는 회사원, 밤에는 작가

앞서 말한 카프카 얘기를 좀 더 해야겠다. 불안과 부조리를 묘사하는 데 탁월했던 그는 거의 평생을 보험회사의 공무원으로 살았다. 서류가방을 들고 출근과 퇴근을 반복하는 직장인이었다는 얘기다. 퇴근 후 그는 다른 세상에서 다른 꿈을 꾸며 글쓰기에 몰입했을 것이다. 생계를 위한 직업으로의 공무원과 벌레가 되어버린 그레고르 잠자Gregor Samsa를 탄생시킨 작가 프란츠 카프카. 그렇게 그는 두 개의 세상에서 서로 다른 자신을 완성했다.

'퇴근 후 작가'가 어디 카프카뿐이었겠는가? 우리가 아는 유명 작가들과 밥벌이 현장은 언뜻 매치가 잘 안 된다. 그들은 마치 고고한 학처럼 세계를 유랑하며 마음에 드는 곳에 눌러앉아 글을 쓰는 삶을 살았을 것만 같다. 하지만 수많은 작가가 꿈과 현실의 줄타기를 병행했다. 마치 평범한 우리처럼. 커트 보네거트Kurt Vonnegut는 영어교사, 자동차 영업사원, 소방수로 일하면서 퇴근 후에는 글을 썼다. 올더스 헉슬리Aldous Huxley 역시 출판사, 잡지사에서 시키는 온갖 종류의 잡다한 글을 쓰며 퇴근 후에는 자신만의 소설을 써내려갔다. 레이먼드 챈들러Raymond Chandler도 공무원이었고, 윌리엄 포크너William Faulkner는 우체국장이었다.

이 이야기를 꺼내는 이유는 목표야말로 '꾸준히 지속하는 힘'을 갖게 하는 원동력이기 때문이다. 누군가 작가란 어떠한 상태와 상황에서도 '그저 계속 글을 쓰는 사람'이라고 정의한 것을 봤다. 마음먹은 만큼 꾸준히 글을 쓴다면 그 사람이 바로 작가이고 글쟁이다. 생업을 포기하고 무작정 글쓰기에 뛰어든다고 작가는 아니다. '많이 읽고 많이 쓰는 사람.' 단순하지만 이것이 바로 내가 내리는 작가의 정의다.

동기부여는 치어리더

글쓰기를 지속하기 힘든 사람은 일단 목표를 정하라. 어떤 일의 매듭을 짓는 데는 뭐니 뭐니 해도 지속적인 동기부여만 한 것이 없다. 영어공부를 할 때 '연말까지 영어 잘하기'가 목표인 사람과 '201X년 10월 토익시험에서 850점 취득하기'가 목표인 사람은 출발선부터 다르다. 명확한 목표와 동기부여를 품고 공부 계획을 짤 것이기 때문이다.

최근엔 '직장인 책 쓰기'가 유행처럼 번지고 있다. 자신만의 콘텐츠를 정리해서 2년 내에 내 책 내기를 목표해보면 어떨까? 누구에게나 내 이름으로 된 책 한 권 내기라는 로망쯤은 있지 않나? 시중에는 이미 책 쓰는 방법과 출판 루트를 알려주는 프로그램들이 많다. 혼자서 막막하다면 그런 기관의 도움을 받아 체계적인 글쓰기 훈련에 돌입하는 것이다.

'시집 30권 읽기'나 '독서모임의 리더 되기' 같은 목표도 좋다. 어떤 목표든 일단은 무엇이든 하라. 부단히 읽고, 쓰고, 움직이며 소통하고 교류하라. 가만히 있으면 아무 일도 일어나지 않는다. '글을 써야지'라는 마음속 외침이 끝나기 전에 일단 노트북을 켜는 거다. 기왕이면 노트북 앞에 마음을 채찍질해주는 목표도 크게 적어놓고.

언제나 새로운 글쓰기

글쓰기는 화려하거나 스펙타클한 모험이 아니다. 영화나 스포츠처럼 중추신경을 자극하여 짜릿한 쾌감과 즉각적인 만족을 주는 것도 아니다. 책상에 앉아 자신만의 머릿속 놀이터에서 북 치고 장구 치는, 어떻게 보면 굉장히 갑갑하고 지루하고 단조로운 작업이다. 고요히 앉아서 빈 종이에 '나'를 채워가는 게 전부인 행위다.

그런데 글쓰기는 항상 새롭다. 눈앞에 번쩍번쩍 시각적인 기쁨이나 입안에 새콤달콤 미각을 충족시켜주지는 않는다. 시각, 촉각, 미각이나 후각 등 감각기관의 쾌락과는 전혀 무관하다. 하지만 그보다 더 큰 정신의 카타르시스를 가능하게 만든다. 생각해보면 참 신기하다. 객관적으로 참 지루한 행위인데 왜 그토록 많은 사람이 글쓰기에 빠져 인생을 변화시키고, 평생의 취미로 간직하는 걸까? 종이와 펜으로 하는 단순한 작업이지만 그 안에서 모든 것이 가능한 거의 유일무이한 활동이기 때문이다. 빈 방에 홀로 앉아 유럽 중세수도원으로의 여행도 가능하다. 지나간 첫사랑에게 추억의 편지로 그리움을 전할 수도 있다. 5년 후 되고 싶은 나의 모습을 그림처럼 묘사도 가능하다. 이 얼마나 새로운가? 그래서 글쓰기를 '제대로' 즐기는 사람은 지루할 틈이 없다. 월든 호숫가에 통나무집을 짓고 혼자 침묵 속으로 걸어 들어가도 하나도 외롭지 않으며(헨리 데이빗 소로 『월든』), 유럽에서 인구밀도가 가장 낮은 스코틀랜드, 거기에서도 사람이 가장 적은 지역에서 혼자 살아도 종교처럼 고독을 즐길 수 있다(사라 메이틀랜드Sara Maitland『인생학교 혼자 있는 법How to be alone』). 왜? 그들에게는 종이와 펜이라는 소울메이트가 있으니까.

또한 '나의 글쓰기'는 한정판 신발이나 가방과는 비교도 할 수 없을 만큼 희소하다. 역사상 전무후무한 나만의 글. 얼마나 새롭고 신선한가? 『글쓰기의 최전선』이라는 책에 적절한 표현이 있다.

> "이 세상에는 나보다 학식이 높은 사람, 문장력이 탁월한 사람, 감각이 섬세한 사람, 지구력이 강한 사람 등 '글을 잘 쓰는 사람'이 많고도 많다. 이미 훌륭한 글이 넘치므로 나는 글을 써야 할 이유가 없다. 그런데 내 삶과 같은 조건에 놓인 사람, 나와 똑같은 생각을 하는 사람, 나의 절실함을 대신할 수 있는 사람은 아무도 없다. 내가 쓸 수 있는 글은 나만 쓸 수 있다고 생각하면 또 기운이 난다."

나의 경험, 생각, 절실함을 대신하는 글을 써보자. 오로지 나만이 쓸 수 있는 글을 완성하는 것, 그 자체를 통해 얻을 수 있는 유익함은 직접 써봐야 안다.

좋은 글쓰기의 3요소 - 뻔뻔하게, 자유롭게, 솔직하게

개인 블로그에 10년간의 일기장이 차곡차곡 쌓인 사진을 공개하고 난 뒤 많은 질문을 받았다. 예상외로 반응이 뜨거웠다. 글쓰기에 관심을 두고 실천하려는 사람들이 얼마나 많은가를 새삼 느꼈다. 단순히 자극이 되었다, 감동했다는 분도 계셨고, 어떻게 하면 그렇게 꾸준히 글을 쓸 수 있는지 상세히 묻는 분도 계셨다. 그런데 가장 많이 받은 질문은 역시나 이것이다.

"뭘 어떻게 써야 할지 모르겠어요. 시작을 어떻게 해야 하죠?"

그에 대한 내 대답은 항상 똑같다.

"그냥 쓰세요."

싱겁지만 다른 할 말이 없다. 그게 유일한 정답이기 때문이기도 하다. 자고로 '그냥' 써야 한다. 무작정 써야 한다. 그게 바로 시작이다.

미국에 글쓰기열풍을 불러온 그 유명한 『뼛속까지 내려가서 써라 Writing down the bones』의 작가 나탈리 골드버그Natalie Goldberg도 말하지 않았던가?

"글쓰기는 오로지 글쓰기를 통해서만 배울 수 있다!"

그녀는 또 이렇게 덧붙였다. 글을 쓰기 시작했다면, 앞으로 5년 동안은 쓰레기 같은 글만 쓸 수도 있다는 사실을 받아들여야 한다고. 그럼에도 불구하고 글을 쓰고 싶다면? 그럼 그냥 써내려가는 방법 밖에 없다. 마감에 쫓기는 생계형 글쟁이처럼 절박한 심정으로 그냥 써라.

그런데 사실 '그냥' 쓴다는 게 말처럼 쉬운 일은 아니다. 나 역시 그 두려움을 누구보다 잘 알고 있다. 글쓰기를 격하게 사랑하고 또 기꺼이 직업으로 택했음에도 가끔 하얀 종이와 마주하고 앉으면 말 그대로 '멘붕' 상태에 빠질 때가 있다. 몇 시간이고 앉아 머릿속 실타래를 풀어도 한 줄도 제대로 뽑히지 않는다. 정답식 교육에 얽매인 한국인들에게 자유로운 글쓰기란 특히나 힘든 과정일 것이다. 검열할 사람이 나 자신밖에 없는 상황에 놓여도 무의식중에 '잘 써야 한다', '옳게 써야 한다'라는 '쓰기강박증'에 시달리기 때문이다. 그런데 완벽한 글쓰기는 필요도 없을뿐더러 애초에 불가능한 일이다. 위대한 작가들조차 자신의 글이 마음에 들지 않는다고 하는데 하물며 아마추어 명함도 없는 우리는 어련할까? 그저 종이라는 무대 위에서 한바탕 신명 나게 논다고 생각하면 그만이다.

일단은 '잘' 쓰겠다는 생각을 버려야 한다. 자아비판과 검열에서 자유로워져야 한다. '조르바' 같은 자유로움으로 부상하여 씨라. 감정을 통제하고, 문장을 미화하고, 오류를 경계하지 말고 그냥 펜 가는 대로 써내려가는 것이다.

자유로운 쓰기가 중요한 이유는 크게 두 가지다.

첫째, 쓰기라는 행위가 주는 부담을 떨치고 그것과 친해지기 위해서

둘째, 있는 그대로의 자기 마음을 글이라는 거울로 들여다보고 성찰하기 위해서

마음이 잔뜩 굳어져 쓴 글은 나중에 읽어보면 어색하기 짝이 없다. 이게 내 글인지 남의 글인지도 헷갈린다. 누가 볼까봐 온갖 난해하고 치기어린 미사여구를 동원한 글, 써야 한다는 강박에 억지로 지면을 채운 글쓰기는 오히려 정신건강에 더 해롭다. 심리치유 작업은 고사하고 스트레스만 가중된다.

의식은 언제나 내면을 향할 것

좋은 글쓰기에는 다음과 같은 요소도 들어가야 한다. 바로 '누가 뭐래도 제멋대로 떠들겠다'는 뻔뻔함과 '바닥까지 감정을 드러내겠다'는 솔직함이다.

뻔뻔함은 앞서 말한 자유로움과 맥을 같이 한다. 검열이나 비판, 비난으로부터 자유롭게, 생각의 흐름대로, 오직 감정만을 좇아 쓰는 것을 말한다. 그래야 내 고유의 목소리를 낼 수 있다. 내 색깔이 담긴 내 글이 완성된다.

『유혹하는 글쓰기』의 작가 스티븐 킹은 말했다.

"쓰고 싶은 것은 무엇이든지, 정말 뭐든지 써도 좋다. 단, 진실만을 말해야 한다."

진실이라. 글쓰기를 침묵의 싸움이라 표현하는 것도 이 같은 이유에서 일 것이다. 여기서 말하는 진실이란 부정하고 싶을 만큼 부정적인 감정들을 가감 없이 드러내는 것을 말한다. 초라하고, 가난하고, 남루한 '진짜 나'를 수면 위로 끌어올리는 작업이다. 그걸 가능하게 하는 것은 글을 쓸 때 의식을 항상 내면에 향하게 하는 것이다. 부드럽고 섬세하게 마음의 결을 어루만지며 출렁이는 감정의 파도를 고스란히 온몸으로 맞아야 한다. 그리고 가슴이 시키는 울렁거림을 그대로 종이에 옮겨 적는다. 기억상실증에 걸려버리고 싶을 만큼 나쁜 감정과 만나더라도 도망쳐선 안 된다. 그 기억과 감정의 가운데 오래 머물며 마음상태를 알아차리는 것이 중요하다.

자유롭고 뻔뻔하고 솔직한 글쓰기가 중요한 이유는 그것이 진짜 나를 만나게 하는 길이기 때문이다. 진짜 나를 모르면 영원히 인생의 조연 혹은 재연배우로 살게 된다. 그 숱한 자기계발서, 심리학에세이 등에서 말하는 '나'를 찾는 과정이 중요한 이유는 그것이 바로 모든 일의 시작이기 때문이다. 어울리는 직업을 찾고, 안정된 사랑과 우정을 나누며, 갖고 싶은 삶을 꾸리는 데 있어 자아의 발견은 나무의 뿌리와도 같은 역할을 한다. 가장 기본이자 핵심이다.

알다시피 글쓰기는 그림 그리기나 퀼팅, 수영이나 테니스처럼 적당한 도구와 공간이 주어져야 시작할 수 있는 것이 아니다. 마음의 준비만 마쳤다면 지극히 단순하고 소박하게 시작할 수 있다. 마음에 드는 노트와 펜을 준비한 뒤 혼자만의 시간 속으로 발걸음을 떼는 것이다. 어떠한 밑천도, 기술도 없이 시작할 수 있는 최상의 지적 노동이다. 게다가 다섯 살부터 아흔 살까지 언제든 가능한 거의 유일한 행위다. 시작하지 않을 이유가 없다.

냅킨에라도
끄적거려라!

독서와 메모습관만큼 한 인간을 창의적이고 개성 있게 우뚝 서게 하는 것은 없다. 실제로 성공한 많은 사람이 이 두 가지 습관 중 하나를 몸에 지니고 있다. 적어도 내가 보고, 듣고, 만나온 사람들은 그랬다. 특별한 기운이 느껴지는 사람들은 십중팔구 독서광이거나 메모광이었다. 체계적이고 논리적인 사람 중 열에 아홉은 그랬고, 자신만의 확고한 길을 개척해가는 사람 중 팔 할은 그랬다. 그리고 글 좀 쓰는 사람 가운데서도 '메모'를 활용하여 글쓰기 발판 삼는 사람들이 굉장히 많다.

메모와 글쓰기의 관계

메모와 글쓰기는 불가분의 관계다. 『눈물의 왕』을 쓴 작가 이평재는 언제나 수첩을 몸에 지니고 다닌다고 한다. 100개가 넘는 메모들 가운데서 이야기가 될 법한 것들에 상상력을 불어넣어 살을 붙인다. 그렇게 그는 하나의 소설을 완성한다. 이를 위해서 평소 모든 것을 눈여겨보는 습관이 있다. 아마도 그는 커피숍 옆자리에 앉은 30대 주부들의 수다, 공원을 산책하는 젊은 부부의 뒷모습, 한밤중 홀로 깜박이는 노트북 불빛 하나 허투루 보지 않을 것이다. 삶을 구성하는 모든 것이 이야기 소재이고, 그렇게 배치한 문장들은 하나의 플롯으로 완성되기 때문이다.

맨부커 상을 받은 세계적 작가 이언 매큐언Ian McEwan의 글쓰기도 곧 메모다. 그의 소설은 수개월의 낙서에서 탄생한다. 생각날 때마다 스케치하고 메모한 글들이 한 권의 책으로 완성되는 것이다. 그가 평소에 얼마나 섬세하게 이 세계를 관찰할지, 그렇게 끄적인 메모장은 얼마나 번뜩이는 키워드들의 모음일지 상상이 간다.

『데미안Demian』, 『유리알 유희Das glasperlenspiel』의 헤르만 헤세 Hermann Hesse도 메모광이었다. 그는 달력 뒤에도, 편지봉투에도 어디든 빈 종이에는 글을 썼다.

일필휘지로 대작을 완성할 수는 없다. 글쓰기의 대가들도 생각에 생각을 거듭하고, 조각 글과 낙서들을 끝없이 적는 실험 끝에 하나의 작품을 탄생시키는 것이다.

메모는 글쓰기 훈련

대단한 작가도, 성공한 사람도 아니지만 나 역시 틈나는 대로 메모를 한다. 특별히 의식하지 않고 오랜 시간 몸에 밴 습관이다. 나는 포켓 사이즈의 노트를 준비해서 언제든 불쑥 찾아오는 생각을 정리한다. 그래서 집안 곳곳에는 내 메모장이 참 많이도 놓여있다. 화장실에도 하나, 주방에도 하나, 거실과 침실 등 거의 모든 공간에 생각을 바로 적을 수 있는 노트가 준비되어 있다. 냉장고와 화장대 거울에는 포스트잇을 붙여서 언뜻 떠오르는 것들을 적는다. 아이를 낳고 안 그래도 굳은 뇌는 더 활력을 잃었다. 뒤돌아서면 사라지는 휘발성 짙은 내 생각들은 반드시 보이는 물질과 형태로 바꾸어줄 필요가 있다. 머리만 믿고 '나중에 다시 생각해내야지' 했다가 낭패를 본 일이 많기 때문이다.

나의 메모는 칼럼과 단행본 쓰기에도 상당한 도움이 된다. 길을 걷다가 멋진 책 제목이 생각나기도 하고, 설거지하다가 칼럼의 첫 문장이 불쑥 나온 적이 많기 때문이다. 그럴 때 노트북 켜고, 문서파일 열어서 어제 쓴 문장에 이어쓰기 하다가는 영감은 사라지고 '귀차니즘'만 남는다. 손으로 쓱쓱, 키워드만 뽑아 적거나, 마인드맵이나 그림으로 정리해두는 것이다. 그렇게 핵심만 간추린 메모에 살을 붙이면 한 편의 글이 완성된다. '맨땅에 헤딩'하는 것보다 미리 정리해 둔 단어를 조합하여 확장하는 편이 업무효율 면에서나 시간 관리 면에서나 몇 배는 이득이다.

요네야마 기미히로米山公啓의 책『메모』를 보면 손으로 글을 쓰는 행위에는 운동 신경과 감각 신경, 시각 중추, 언어 중추와 같은 뇌 기능 외에도 감정 처리 능력, 추출 능력이 요구되는 것을 알 수 있다. 메모는 단순히 글을 쓰는 행동이 아니라 정보를 처리하고 수집, 분석하여 '뇌를 춤추게 하는' 행동인 것이다.

메모는 또한 엄청난 글쓰기 훈련이다. 작정하고 백지에 정해진 주제로 쓰는 것만 훈련이 아니다. 스스로 끊임없이 생각할 거리를 던져주고 발상에 발상을 더하는 것만큼 큰 훈련이 어디 있겠는가? 책을 쓰고 싶다면, 아니 책까지도 아니다. 완성된 글을 한 꼭지라도 쓰고 싶다면 하루에 떠오르는 문장을 세 줄씩만 메모해보자. 그걸 엮으면 글이 되고, 글을 모으면 책 한 권도 뚝딱이다. 누가 아는가? 부엌에서 빵을 굽다 떠오른 문장 하나를 냅킨에 적은 것이 베스트셀러 작가 인생의 시작이 될지.

매일 메모하면 일어나는 일들

얼마 전에는 메모의 힘과 관련하여 꽤 흥미로운 뉴스 기사를 접했다. 30살 전에 5개의 회사를 창업하여 이름만 들어도 아는 대기업에 줄줄이 매각하고, 33살 현재 매출 400억 회사를 이끄는 젊은 CEO에 관한 기사였다. 현재 스타트업 '버즈빌'의 대표인 이관우 씨다. 그의 남다른 경력 뒤에는 메모가 있었다. 그는 일상을 꼼꼼하게 관찰하고 메모하는 습관을 초등학생 때부터 유지하고 있었다. 20년이 넘었다는 얘기다. 문득 떠오르는 다양한 아이디어를 끝없이 메모하고, 눈에 보이는 것들, 생활 속 불편함 등을 순간 포착하듯 메모한 것이다. 줄줄이 창업은 모두 그 메모들을 바탕으로 한 것이다. 무려 3천 장이 넘는 '발명메모'들의 결과인 셈이다. 현재 전 세계 600만 명이 사용하는 모바일 잠금화면 광고의 시작도 모두 한 장의 메모로부터 파생되었다. 나도 딸아이에게 어려서부터 메모하는 습관을 길러줘야겠다고 결심하게 만든 기사였다. 메모를 위해서는 일단 '보기'를 잘해야 하는데, 그냥 보는 것이 아니라 넓은 스펙트럼의 관점을 갖도록 해야 한다. 그것은 결국 세상을 좀 더 다채롭고 깊게 이해하도록 만드는 열쇠가 될 것이다.

맥킨지의 수석 컨설턴트인 일본인 아카바 유지赤羽雄二 씨. 책『1등의 속도速きは全てを解決する ゼロ秒思考の仕事術』저자이기도 하다. 그는 14년간 맥킨지에서 근무하며 빠르고 정확한 업무처리로 인정받은 사람이다. 책을 통해 터놓는 그의 업무비결 역시 메모에 있다.

"10분 정도의 '메모 쓰기'를 3주간 계속하면 완전히 다른 사람처럼 두뇌가 회전하기 시작해 일의 스피드가 큰 폭으로 향상된다. 자신감도 생겨 선순환이 시작된다. 평소에도 아이디어가 꼬리에 꼬리를 물게 되고 아이디어에 대해 스스로 체계적으로 정리하고 심화하여 스스로 납득할 수 있게 된다. 잘 모르는 것에 관해 무엇을 조사하면 되는지, 누구에게 질문해야 할지, 질문할 수 있는 상대를 어떻게 찾을 것인지 등등 계속 앞으로 나아갈 수 있게 된다."

그는 매일 아침저녁 30분씩 정보수집에 할애하며, 이를 바탕으로 10분간 메모를 한다. 그리고 그렇게 작성된 메모를 가지고 '속도는 10배 빠르게, 업무의 질은 10배 향상'된 자료를 작성한다. 이게 바로 그가 업무속도를 극한으로 올리는 '스피드 전략'이다. 다빈치도, 뉴턴도, 에디슨도, 슈베르트도 메모광이었다. 쉬지 않고 뇌를 깨우며 살았다는 얘기다. 적자생존. 적는 자가 살아남는다는 말도 있다. 성공한 CEO, 정치인, 예술가 등 분야를 선도하는 많은 이들은 대부분 치열하게 무언가를 메모하는 사람이었다. 메모가 곧 그들의 성공파트너인 셈이다.

인생에 메모습관 하나만 추가해도 굉장히 큰 변화가 찾아올 것이다. 생각해보라. 장 보러 가기 전에 쇼핑리스트를 가져갔을 때와 안 가져갔을 때의 차이도 엄청난데, 매일 깨알같이 무언가를 적으며 산다면. 생활은 질서를 되찾을 것이고, 업무는 더 빠르고 효율적이 될 것이다. 메모를 통해 시간도 벌 수 있고, 아이디어 생산도 가능하다. 무엇보다도 '포착'이 가능해진다. 길거리에서 마트에서, 공원에서 학교와 사무실에서 그동안 곁에 있었지만 눈여겨보지 않았던 것들을 새로운 시각으로 바라보며 메모하는 습관을 기른다면 말이다. 그렇게 새로운 일상도, 인생도, '나'도 재탄생할 수 있다.

포	착	하	는		삶	을		위	한
10	가	지			메	모	의		기	술

1. 메모가 곧 '글'이라는 고정관념을 탈피하라

간단한 기호나 그래프, 그림, 숫자로 기록해도 무방하다. 본인이 기록하기에 편하고 쉽게 알아볼 수 있는 방법을 사용하면 된다.

2. 포스트잇을 적극적으로 활용한다

집안 곳곳(또는 직장) 자주 가는 곳마다 생각나는 것을 바로 적을 수 있는 환경을 구축한다. 침대 옆이나 서재에서는 수첩도 괜찮지만 주방이나 베란다 세탁실 같은 공간에는 포스트잇이 제격이다. 생각나는 것을 잊어버리기 전에 기록하는 게 가장 중요하다.

3. 가끔 메모를 정리하는 시간을 갖는다

메모는 흩어진 생각의 조각이다. 따라서 반드시 한데 모으는 작업이 필요하다. 1~2주에 한 번 꼴로 메모를 보며 생각을 통합하고, 정보를 정리한다.

4. 그 안에서 탄생할 수 있는 제3의 아이디어를 재발견한다

정리된 메모를 자본으로 머릿속 패턴을 부수고 전혀 색다른 아이디어를 도출하는 연습을 한다. 질문을 던지고 해결책을 궁리하며 삶과 직업에서 자신에게 적용 가능한 것들을 떠올린다.

5. 때와 장소를 가리지 않는다

언제든 종이와 펜을 꺼내는 것을 민망해하지 않는다. 간혹 유별나 보이는 것 같아 남들보다 조금 튀는 행동도 거리끼는 사람이 있다. 메모는 일종의 삶의 태도다. 더욱이 만인에게 당당히 공개해도 좋을 훌륭한 태도다.

6. 5분에서 10분이면 충분하다

메모는 짧게는 하루 5분에서 길게는 10분이면 충분하다. 무엇이? 업무의 우선순위를 결정하거나, 일과를 정리하며 감사 거리를 작성하거나, 내일의 성공 프로세스를 그려보는 데 말이다.

7. 필요하다면 모바일도, 노트북도 좋다

요즘은 활용도 높은 메모 앱도 굉장히 많다. 물론 펜 기능이 장착된 휴대폰에 적어도 된다. 항상 노트북을 켜놓고 있다면 타자로 쳐도 좋고, 녹음기도 유용하게 쓰일 때가 있다. 뭐든 자신에게 최적화된 도구를 찾아 적극적으로 활용하라.

8. 책을 읽을 때는 꼭 메모를 함께한다

책을 다 읽은 뒤 작성하는 서평과는 성격이 조금 다르다. 이것은 읽는 틈틈이 저자의 생각에 내 의견을 덧붙이는 일이다. 그때그때 떠오르는 생각을 통해 내 지식과 경험을 저자의 그것과 연결하는 작업이다.

9. 보잘것없어 보이는 것도 때론 피가 되고 살이 된다

엉뚱하고 보잘것없어 보이는 메모가 유용한 가치와 자산으로 탈바꿈할 수도 있다. 무엇이 밑천이 될지는 아무도 모른다. 메모의 핵심은 메모 그 자체다.

10. 메모에 엄청난 비법이란 없다. 꾸준히 쓰는 자가 이긴다

그런 생각이 든다. 행복하고 품위 있게, 그리고 성공적으로 살기 위해서 우리는 '나무의 생존방식'을 벤치마킹해야 하지 않겠냐는. 묵묵히 선 채 때론 혹독한 추위와 벌레의 습격이라는 운명을 이겨내고, 언제나 꾸준히, 편견이나 사심 없이 누구에게나 그늘을 제공하는 나무의 생존방식.

메모할 때 우리는 (마치 나무처럼) 자신의 사유를 믿고, 습관으로 자리매김할 때까지 꾸준히, 묵묵히 그렇게 적어 내려가는 것이 중요하다. 그것이 유일한 비법이라면 비법이다.

쓰기는
버티기다

ㄴ

   소설 『내 심장을 쏴라』, 『종의 기원』, 『7년의 밤』을 쓴 정유정 작가의 인생 이력은 꽤 독특하고, 그래서 흥미롭다. 그녀는 간호대학을 졸업하고 긴 시간 간호사로 사회생활을 했다. 서른여섯. 소설가가 되기로 하고 습작의 시간을 갖는다. 그리고 7년간의 습작 끝에 마흔두 살, 마침내 인생의 방향 틀기에 성공하여 소설가로 등단한다.

   그녀는 지금도 글을 쓰기 위해 매일 새벽 4시에 일어난다. 아침형 인간과는 거리가 먼 그녀였지만 머리가 잘 돌아가는 코르티솔 호르몬이 오전에 분비된다는 말을 듣고 생활패턴을 바꿨다고 한다. 그녀의 생활은 새벽 4시부터 오후 5시까지 글, 글, 오로지 글이다. 밥하고 글 쓰고, 청소한 뒤 글 쓰고, 운동하고 와서 또 글을 쓴다. 그런 그녀가 글을 쓰고 싶은 사람들에게 하는 조언은 이랬다.

"쓰고 싶다면 끝까지 버텨라! 버티는 사람이 이기는 사람이다."

그 한마디를 읽으며 가슴이 뜨거워졌다. 글 쓰는 사람으로서 그녀가 지금껏 얼마나 치열하게 살아왔는가를 그 한 마디가 전부 보여준다고 생각하기 때문이다.

세상엔 쓰는 것만큼 쉬운 일도 없지만, 쓰는 것만큼 어려운 일도 없다. 물론 전문작가가 될 것이 아니라면 정유정 작가처럼 글이라는 궤도로 도는 인생을 살 필요는 없다. 하지만 쓰기를 통해 삶을 변화시키고자 하는 사람, 쓰기를 완벽히 습관화하고자 하는 사람, 스스로 몰입하고 즐거움을 찾길 원하는 사람이라면 이 버티기에 대해 심사숙고할 필요가 있다. 비단 글쓰기에서만이 아니다. 어떤 특별한 삶의 태도를 원한다면 '버티기'가 반드시 필요하다.

버티기의 즐거움

엉덩이에 종기가 날 만큼 '참을 인' 자를 새기며 글 쓰라는 이야기가 아니다. 이 책의 주제가 '행복과 성장과 치유'를 위한 글쓰기인데 그래서야 되겠는가? 하지만 적당한 인내는 반드시 필요하다. 하루 세 줄씩 일주일 쓰다가 덮는 그런 종류의 가벼움 말고, 되든 안 되든 자신과 맺은 언약을 최소한 지켜나가려는 진중함이 필요한 것이다. 글쓰기는 특히 그렇다. 단번에 판가름 나는 게임이 아니기 때문에 길고 느린 태도로 일관되게 행해져야 마땅하다. 나는 나이를 먹을수록 진짜 승리란 경쟁에서 이기는 게 아니라 자신과의 싸움에서 이기는 것이란 생각이 든다.

그 유명한 마시멜로 실험에서 증명된 '만족지연능력'은 버티기가 왜 결국 인생의 즐거움이 되고 힘을 발휘하는지를 설명한다. 만족지연능력이란 미래의 더 큰 행복과 가치를 위해 지금 순간의 욕구와 만족을 참는 능력을 말한다. 실험에 따르면 잘 참는 아이들, 즉 버티기가 잘 되는 아이들은 자제력, 집중력, 유연성 등에서 훨씬 더 뛰어났고 이것은 곧바로 학습능력으로 이어졌다. 14년 후 실험에 참여했던 아이들을 추적해 그들의 삶을 비교한 결과 만족을 지연했던 아이들과 그러지 못했던 아이들 사이의 대학수학능력평가시험(SAT)의 점수 차이는 무려 210점이었다.

순간을 잘 버티는 사람은 결국 목표를 이루고, 작은 목표들을 이루다보면 큰 꿈에 닿아있다. 버티기는 그래서 즐거움이다. 여행도 그렇다. 나는 막상 꿈꾸던 여행지에 도착하는 순간보다, 그 순간을 현실로 만들기 위해 돈을 모으고 비행기 표와 숙소를 예약하고, 돌아올 월요일 출근 시간을 버티던 시간이 훨씬 즐겁고 설레었던 것 같다.

규칙적인 리듬의 시간

버티기를 잘하기 위해서는 일단 '규칙적인 리듬의 시간'이 필요하다. 왜 많은 작가가 직장인처럼 정해진 시간에 출퇴근하듯 글을 쓸까? 언뜻 작가라고 하면 마음 가는 대로 글을 날리다가 또 한 달이고 두 달이고 펑펑 놀며 영감을 수혈받고 글 쓸 것 같은데 실제로 많은 작가가 매우 규칙적인 생활을 하고 있다고 밝히고 있다. 소설가 정이현 역시 글쓰기에 도움이 되는 두 가지로 '일상의 루틴'과 '보편적인 경험'을 꼽았다. 베르나르 베르베르Bernard Werber는 규칙적인 생활하기로 유명한 작가인데, 매일 아침 일찍 일어나 4시간 30분 동안 꼬박 글을 쓴다고 한다.

『질병의 종말 (The)end of illness』의 데이비드 B. 아구스David B. Agus는 이렇게 말했다.

> "삶을 단조롭고 지루하게 살 필요는 없지만 규칙적인 리듬감을 타는 일상생활을 계획하고 실천해야만 몸에서 스트레스 호르몬의 분비가 줄어들 것이다. 1년 365일 매일 예측 가능한 스케줄을 엄격히 지키며, 매일 같은 시간에 먹고 자고 운동한다는 새로운 계획을 세워라."

루틴한 생활은 그 자체로 건강의 파수꾼이 된다. 그리고 건강해야 글도 잘 써진다. 건강해야 돈도 벌고 미래도 계획할 수 있다. 규칙적인 시간을 엄수하는 것은 이토록 중요하다.

루틴한 생활이 창의력이 원천이라는 사람도 많다. 미국의 세계적인 현대 무용가 트와일라 타프Twyla Tharp는 저서『천재들의 창조적 습관(The) creative habit』에서 창조성은 규칙과 습관의 산물이라고 주장한다. 그녀는 말한다.

> "나는 매일 아침을 나만의 의식으로 시작한다. 새벽 5시 30분에 일
> 어나 연습복을 입고 후드티를 걸치고 모자를 쓴다. 그리고 집 밖으로
> 나와 택시를 불러 세우고 퍼스트 애비뉴 91번가에 있는 헬스장으로
> 가자고 한다. 그곳에서 앞으로 2시간 동안 운동을 할 것이다. 내 의식
> 의 시작은 바로 택시다."

빌 게이츠Bill Gates는 평일 1시간, 주말 3시간은 독서에 투자한다고 한
다. 이처럼 우리에게도 규칙적인 룰이 있어야 한다. 매일 30분간 독서하
고, 주말에는 3시간 글을 쓰겠다는 등 생활의 리듬, 확실한 시간의 확보
가 보장되어야 한다. 어떤 결과물과 최소한의 성과를 얻는 창의력을 위해
서는, 역설적이게도 규칙적인 행동이 필요한 것이다. 말하자면 '균형', '성
실', '심플'이다. 어떤 '변화'를 위해서는 재미있게도 '변화 없는 생활'이 기
본이 되어야 한다.

모든 글쓰기에는 자기만의 속도가 있다

언젠가 한 모임에서 처음 만난 여자와 이야기를 주고받은 적이 있다. 한참 이런저런 이야기를 하다가 그녀의 장기프로젝트에 대해 전해 듣게 되었다. 그녀는 10년 후 스페인을 여행할 계획으로 생각날 때마다 하루에 한 마디씩 스페인어를 익히고 있다고 했다. 그 이야기를 듣고 난 직후 나의 반응은(물론 속으로만) '그렇게 해서 어느 세월에' 였다.

마음먹으면 당장 저지르는 성격인지라 10년 후를 생각하며 겨우 스페인 여행을 계획한 그녀가 답답하게 느껴졌다. 게다가 생각날 때마다 한 마디씩 스페인어를 공부하는 것도 영 내 스타일이 아니었다. 나는 시험 전날 책을 몽땅 암기한 뒤 교실을 나오자마자 다 까먹는, 전형적인 벼락치기 스타일인 사람이다. 그녀와의 만남은 그게 다였다. 이후 우연히 부딪칠 일도 없는 인연이었다. 그런데 이상하게도 시간이 흐르며 그녀가 한 이야기들이 불현듯 생각날 때가 더러 있었다. 그리고 어느 순간 나는 모두의 속도는 다 다르다는 사실을 배우게 되었다. 그 흔해빠진 교훈을 미련한 나는 참 뒤늦게야 깨달았다. 그리고 10년 뒤 여행을 떠올리며 평범하고 지루한 일상을 꾸역꾸역, 열심히 살고 있을 그녀가 참 예쁘다는 생각이 들었다.

글쓰기도 마찬가지다. 언젠가 한 자기계발 작가의 인터뷰를 보는데, 책 한 권을 3일 만에 다 썼다고 했다. 자신은 자료를 모아 놓고 보통 3일에서 일주일 만에 밤새워 글을 쓴다는 것이다. 반면 3일 동안 A4 반도 못 채우는 사람도 많다. 30장을 쓰건 3줄을 쓰건 속도는 전혀 중요하지 않다. 액셀러레이터를 밟는 것이 모든 영역에서 다 좋은 건 아니다. 글쓰기는 경쟁이 아니다. 스펙 쌓기용도 아니고, 보여주기용도 아니다. 그보다는 그저 인생을 즐기기 위한 짜릿한 놀이라고 해두자. 궁극적 행복을 위한 놀이. 놀이가 얼마나 중요한지는 말 안 해도 알 것이다. 애들은 잘 놀아야 창의력, 판단력, 상상력, 감정조절까지 종합적 사고가 가능하다는 것은 널리 알려진 사실이다.

어른도 마찬가지 아닐까? 생산적으로 놀면 삶의 질과 행복도가 상승할 게 틀림없다. 김정운 교수도 외치지 않았던가? 자고로 노는 만큼 성공한다고. '나는' 놈 위에 '노는' 놈 있다고. 그가 정의하는 놀이는 소소한 일상에서 즐거움을 발견하고, 진부한 것을 새로운 맥락에서 '낯설게' 보는 능력을 키우는 것인데, 내가 보기에 쓰기만큼 그에 걸맞은 놀이는 없다.

쓰기 전에는 미처 몰랐던 것들

　나이를 먹을수록 그런 생각이 든다. 중고등학교 때부터 자아탐색을 위한 글쓰기 수업이 단 한 시간이라도 있었더라면 인생관을 확장하고 사회적 통찰력을 기르는 데 엄청난 도움이 되었을 것이다. 창의력을 키우고, 추리력을 넓히는 것은 말할 것도 없다. 사랑을 떠나보낼 때는 더 근사하고 어른스럽게 대처했을 것이며, 밥벌이의 고단함을 이길 마음의 내공도 더 단단히 쌓았을 것이다. 연봉은 성적순일지 모르지만 성공은 연봉순이 아니라는 사실도 좀 더 일찍 알게 되었을 것이고, 목표나 꿈이 없어도 사실 인생은 잘 굴러간다는 것도 배웠으리라. 우리는 모두 정서적으로나 인지적으로 열 배는 더 성숙했을 것이다.

　글을 쓴다는 것은 단순히 펜을 들고 문자를 적는 게 아니다. 그건 긴긴 과정에서의 마무리 단계에 불과하다. 혼자만의 시간을 확보하고, 내면으로 걸어 들어가 끝없이 질문을 던지며 온갖 키워드를 끄집어내는 과정. 글쓰기는 그런 과정이 필요하다. 이게 다가 아니다. 그 과정의 틈틈이 외로움도 괴로움도 견뎌내야 한다. 시간과 체력관리법도 스스로 배우게 된다. 글을 쓰는 사람은 바쁜 일상에서 시간 관리에 성공한 사람이다. 글 쓸 시간을 만들기 위해서는 시간 관리에 철저해질 수밖에 없기 때문이다. 또한 엉덩이의 힘이 관건이다 보니 체력소모도 만만치 않다. 글 쓰는 사람은 자연히 건강에도 신경 쓰게 마련이다.

글을 쓰기 전에는 몰랐다. 글 쓰며 사는 삶과 그렇지 않은 삶이 곧 주어진 과제만 처리하며 사는 것과 하루를 주인으로 이끌며 사는 것의 차이인 줄은. 누군가의 말처럼 인생을 축제로 사느냐 숙제로 사느냐의 고민을 해결해줄 열쇠라는 것을 말이다.

나이가 들수록 인생이 의무와 역할만 남은 지루한 레이스처럼 느껴지는 사람이 많을 것이다. 그런 사람들에게 먼저 묻고 싶다. 주체적 삶을 위해 어떤 노력을 기울여보았느냐고. 하루에 단 20분이라도 나를 해부하는 시간을 가져보지 않고 어리광을 부리는 건 아닌지 말이다.

글 쓰며 사는 삶. 나는 그보다 이상적인 인생은 알지 못한다. 그보다 화려하고 충만한 삶은 들어보지 못했다.

글 쓰며 사는 삶은 브레이크 없이 질주하는 일상에 쉼표를 제공하는 삶이다. 글을 쓰는 사람이라면 누구든 텅 빈 노트나 모니터와 마주해야 한다. 잠시 멈추고 사고하는 법을 터득할 수밖에 없다.

글 쓰며 사는 삶은 매일 한 가지를 배우는 삶이기도 하다. 글을 쓰다 보면 나의 충동, 습관, 편견, 욕망과 마주할 수밖에 없기 때문이다. 아이처럼 매일 새로운 것을 알아가고 배워간다면 일상은 얼마나 즐겁고, 영혼은 얼마나 풍성해지며, 인생 전체는 또 얼마나 알차게 일궈질까?

레이첼 카슨Rachel Carson은 작가에게는 고요해지는 법과 귀 기울이는 법이 곧 직업훈련이라고 말했다. 이 말은 글을 쓰는 모든 사람에게 해당

한다. 글쓰기를 통해 마음을 숙성시키며 고요해지는 법과 다른 사람의 목소리에 귀 기울이는 법만 배워도 성공한 인생 아닐까?

글 쓰며 살자. 누구도 아닌 나 자신을 위해서.

Chapter

05

평범한 사람들의
특별한 글쓰기

일흔에 번역가가 된다는 것

노년의 가장 큰 고통은 무엇일까? 가난? 고독? 질병? 무위無爲의 고통도 만만치 않을 것 같다. 사실 이 네 가지가 소위 말하는 대한민국 노인들의 '4중고'다. 안타깝고 처참한 현실이다. 무위. 말 그대로 아무런 하는 일이 없음을 뜻한다. 째깍째깍 흘러가는 시간을 '그냥' 숨 쉬며 사는 것. 일도 없고, 약속도, 취미도 소일거리마저 텅텅 빈 24시간. 정신없이 뱅뱅 도는 하루보다 더 힘들 게 분명하다.

나는 아직 노년을 살아보지 않아 모르겠지만, 인생 황혼기에 글쓰기는 누구보다 멋진 벗이 되어 줄 것이라 믿는다. 일흔을 훌쩍 넘긴 우리 할머니는 간혹 소설과 성경을 필사하시는데, 치매 예방에도 좋고 심리적 안정도 되고, 무엇보다 시간 때우기에 제격이라며 엄지손가락을 치켜세우신다. 글쓰기가 할머니의 건강에 영양제 역할을 톡톡히 하는 것이다.

노년의 가장 멋진 동무

생각해보자. 지난 시간을 아련히 추억하며 글쓰기로 아침을 여는 백발의 자신을. 활력을 얻고 마음을 가다듬으며 하루를 설계하는 노년의 모습을. 어떤 글이든 상관없다. 자서전 쓰기도 의미 있는 작업이다. 누구나 일흔 넘게 살다 보면 장편 소설 분량의 스토리는 담고 있지 않은가. 어른들이 흔히 말하는 '내 인생은 소설 열 권도 부족해'를 실제 현실에 옮겨보는 것이다. 책으로 내든 안 내든 자식 손주에게 보여주기용도 괜찮고, 혼자만 간직하며 삶을 정리하기용도 좋다. 어쩌면 지난 삶을 돌이켜 간직하고자 하는 것은 모든 인간이 가진 본능인지 모른다. 한 겹 한 겹 지난 시간의 장막을 걷어 가지런히 개는 작업. 우두커니 자신의 지난 시간을 관찰하며 쓰는 글은 꼭 인생의 황혼기가 아니라도 매 단계, 고비마다 연례행사, 혹은 갱신이 필요한 자격증처럼 진행하면 좋을 것이다.

진짜 자신이 원하는 삶, 글

일흔에 번역가로 데뷔한 할아버지 기사를 우연히 접했다. 요즘은 일흔에 은퇴도 놀라운 일인데, 뭐라고? 번역가가 되었다고? 100세 시대를 다 함께 헤쳐 가는 우리로서는 정말 귀가 솔깃한 기사임이 틀림없다.

김욱 할아버지는 현재 85세. 70세에 일을 시작했지만 어느덧 경력 15

년 차 베테랑 번역가가 되었다. (여기서 얻는 교훈 하나. 70세에 전혀 새로운 일을 시작해도 전문가 반열에 진입할 수 있다. 충분히.) 열다섯 살부터 글 쓰는 사람이 되기를 꿈꾸었지만 일흔이 넘어서야 진짜 원하는 삶을, 글을 시작했다. 꿈을 잊은 지 50여 년. 그간 밥벌이와 생활 전선에 치이고 흔들리며 지내왔을 것이다. 우리네 아버지 세대가 흔히 그렇듯이 말이다. 할아버지는 이제야 삶의 주체를 자신의 손에 움켜쥐었다고 말씀하신다. 그간 사회적 운명에 휘둘리며 살았지만 이제는 진정으로 자유로워졌다고 말이다.

물론 번역가의 삶이 술렁술렁한 건 아니다. 나이 많은 번역가라 해도 마찬가지다. 글이란 건 어쨌든 눈에 보이는 생산물을 내놓아야 하는 거니까. 할아버지는 매일 새벽 4시에 일어나 낮 12시까지, 무려 8시간을 책상에 앉아 글을 쓴다. 술 마시며 낭비한 청춘의 시간을 보상하는 셈 치고라도 일분일초도 낭비하지 않는다. 하루에 70매씩 번역에 임할 때도 있고, 경기도 포천의 자택에서 서초동 국립중앙도서관까지 왕복 세 시간 반을 자료를 찾아 나설 때도 많다. 열정은 20대 젊은이와 견주어 조금도 뒤지지 않는다. 70세부터 두 번째 인생을 그렇게 열심히 개척한 결과, 매당 1,500원 받던 번역료도 3,000원으로 껑충 뛰어 이제는 한 달 수입이 600만 원에 이른다고 한다.

"끝날 때까지 끝난 게 아니다. 길들여지기를 강요하는 세상을 뛰쳐나와 야성을 회복하라"고 외치는 85세의 번역가. 현실과의 오랜 격투 끝에 일흔에 원하는 시간을 살게 된 할아버지의 삶이 그 자체로 위로가 되는 것은 나뿐만이 아닐 것이다.

72세, 시인이 되기로 결심하다

글쓰기로 새로운 삶을 시작한 할머니가 또 있다. 일흔일곱에 시인으로 데뷔해 책까지 낸 할머니, 이보다 더 근사한 노년이 또 어디 있을까. 『봄꽃은 희망이고 가을꽃은 행복이다』라는 시집을 낸 한충자 할머니가 그 주인공이다.

놀랍게도 할머니는 72세에 처음 한글을 배웠다. 그리고 3년 후인 75세에 시 짓기를 시작하여 77세에는 시집을 출간한 정식 시인이 된다. 5남매의 엄마로, 97세 시어머니를 모시고 살던 며느리로, 53년간 시골 농부로 살아온 할머니가 글을 만나고 새로운 세상을 살게 된 것이다. 할머니는 충북 음성군 노인복지회관에서 한글을 가르쳐준다는 소식을 듣고 매일 버스를 두 번 갈아타고 눈이 오나 비가 오나 글을 배우러 다녔다고 한다. 결국 시라는 인생 최고의 친구를 만났으니, 한글을 배우고자 고군분투한 4년간의 노력이 조금도 아깝지 않을 듯하다.

이제는 글을 알게 된 할머니가 감각을 깨우며 시를 짓는 밤을 떠올려본다. 도시보다 몇 배는 짙은 시골의 밤에, 할머니는 자유로운 날개를 달고 세상 구석구석을 여행하는 중일 것이다. 어쩌면 그동안의 가난과 고된 노동도 시인이 되기 위해 진주를 품는 시간으로 이해할지 모르겠다. 시인에게 있어 고통은 구슬픈 가락이고, 아픔은 응축된 세계가 되니까 말이다.

나 역시 그런 노년을 꿈꿔본다. 손주 손녀들에게 읽힐 동화나 동시를 짓고, 지나온 시간을 겸허하게 정리하며 매일 매일 글을 쓰는 노년. 운 좋게 나눠줄 지식이나 지혜가 있다면 역시 글로 풀어 아랫세대에 전달하는 작업도 하고 싶다.

쓴다는 건 '동사'다. 그러니 글 쓰며 산다는 건 동사의 시간을 사는 거다. 정체되지 않고 움직이는 시간, 울렁이는 시간, 공항대합실 같은 시간, 말하자면 언제든 어디로든 자유로이 떠날 준비가 된 시간. 글을 쓰며 산다면 노년이라 해도 젊은 날의 나와 크게 다르지는 않을 것 같다.

살면 살수록 평범한 사람은 한 명도 없다는 생각이 든다. 그런 의미에서 모두가 가진 고유한 글을 함께 읽고, 즐기고, 나누며 산다면 세상은 얼마나 다채로워질까? 그러니 참으로 다행이다. 나이가 많든 적든, 언제 어디서든 누구나 평등하게, 평화롭게 시작할 수 있는 글쓰기가 있어서.

글쓰기로 삶을 구원한 이들

모든 사람은 제각각의 이유로 글을 쓴다. 생김새만큼 다양하다고 말할 수는 없지만, 별자리보다 많은 것은 확실하다.

누군가는 단순히 지루한 시간의 공백을 이겨보려고, 보고서 잘 써서 상사에게 예쁨받는 신입이 되고 싶어서, 커가는 아이들의 성장 과정을 간직하기 위해, 아픈 시간을 극복하고 자신을 더욱 사랑하고자. 어쨌든 글쓰기는 제각각의 이유로 개개인의 삶을 구원한다. 자신도 느끼지 못할 정도의 작은 변화부터 인생을 뒤집을 정도의 획기적 반전까지, 확실한 것은 글을 쓰기 시작했다는 건 이전 삶으로 다시는 돌아갈 수 없다는 것을 의미한다. 의식이, 습관이, 행동이, 그리하여 생활이, 인생이 달라지기 때문이다.

나는 또한 글쓰기만큼 '그럼에도 불구하고'를 품고 있는 것은 드물다고 생각한다.('그럼에도 불구하고'는 내가 너무나 좋아하는 문구다.) 글을 쓰는 이유는 제각각일지 몰라도 결국 지향하는 바는 이전의 내가 어떤 사람이었든, 어찌 살았든 '그럼에도 불구하고' 더 나은 시간을 살아보기 위함일 테니까.

과거에는 흥청망청 살았지만 그럼에도 불구하고 다시 일어서기 위해, 서른 넘게 모자이크 처리된 꿈을 갖고 살았지만 그럼에도 불구하고 꿈을 찾아보고자, 재미라고는 눈을 씻고 찾아봐도 없는 하루하루지만 그럼에도 불구하고 버티며 이어가려고, 사람들은 지금도 글을 쓴다.

생각해보자. 나는 과연 어떤 이유로 글을 쓰고 있는지, 혹은 글쓰기를 시작하려고 하는지. 무엇이 나를 그 '불편한 행위' 속으로 밀어 넣는 것인지 말이다.

살기 위해, 쓰다

그녀는 9년간 성폭행 피해자로 살았다. 어린 나이에 임신하고 낙태를 했고, 성폭력과 함께 상습적 폭언과 폭행에 시달렸다. 그런데 이 모든 일을 행한 가해자는 다름 아닌 그녀의 친아버지였다. 『눈물도 빛을 만나면 반짝인다』라는 책을 쓴 은수연 씨의 스토리다. 여기까지만 읽어도 손발이 떨리고 심장이 쿵쾅거린다. 그 고통의 시간을 감히 상상조차 못 하겠다. 감당할 수 없을 것 같은 상처를, 그녀는 다름 아닌 글로 치유했다.

그녀는 일단 '봉인된 비밀'을 세상에 해체한다. 수치심과 버거움을 숨기지 않고 글로 드러내어, 피해자보다 가해자가 두 다리 뻗고 사는 희한한 세상을 향해 제 목소리를 낸다. 그 과정은 중력을 거스르는 용기와 저항의 시간이었을 것이다. 글을 쓰며 감정을 들여다보고, 아픔을 복원하여 다시 그 시간을 살아내야 했기 때문이다. 그럼에도 불구하고 그녀는 썼다. 가해자는 절대 진실을 드러내지 않기 때문에 썼고, 죽음의 기억들을 마주 보고 이겨내려고 썼다. 말하자면 그녀는 살기 위해 썼다.

고통을 글로 쓴다는 게 얼마나 힘든 일인지 어렴풋이 알고 있다. 나 역시 오랜 시간 그 작업을 해봤기 때문이다. (물론 그녀와는 비교도 안 될 고통이다. 취업에 실패하거나, 경제적 위기에 처하거나, 이별의 아픔을 겪는 등 누구나 겪을 수 있는 일들이었다. 하지만 그 역시 이겨내야 할 고개임은 분명하다.) 힘든 시간을 글로 쓰면서 '나는 혹시 고통을 즐기는 사디스트가 아닐까?'라는 생각도 해봤다. 덮어두고 살면 그만인데 굳이 들춰내어 상처를 들쑤시는 자신이 못마땅했기 때문이다. 하지만 그 작업은 탁월했다. 손끝에 박힌 가시도 가만두면 신경을 건드리고 문제를 일으킨다. 아주 작은 심리적 문제라도 떨쳐내지 않으면 발끝에 대롱대롱 매달려 평생을 따라다닌다.

은수연 씨는 자신의 경험을 한국성폭력상담소 소식지에 무려 4년간 연재했다. 책은 그 글들을 엮어 만든 것이다. 긴 시간 자신의 아픔을 글로 쓰고 세상과 소통하며 그녀는 두 번째 삶을 차근차근 준비했을 것이다.

읽자마자 비행기 티켓을 예매하게 만드는 글을 쓰는 여행 작가이자, 〈찬란한 유산〉 같이 재미있고 좋은 각본을 쓰는 드라마 작가를 꿈꾼다는 저자소개를 읽으며 생각했다. 그녀는 결국 자신을 구원했구나. 다시 꿈을 꾸고 삶을 이어가는 구나.

누구에게도 터놓을 수 없는 아픔이 있다면 평생 절대 비밀을 고수할 사람 - 자기 자신 - 에게 털어놓아 보라. 쓰면 살아진다. 그럼에도 불구하고 살아야 할 이유를 발견하게 된다.

열정을 되살리기 위해, 쓰다

주변에 감사일기를 쓰는 사람들이 제법 많다. 요즘은 특히 블로그를 감사일기장으로 활용하는 사람들이 꽤 있다. 그들의 글을 읽으면 나도 '급속충전'이 될 때가 많다. 확실히 긍정은 전파력이 강하다. 그래서 행복도 웃음도 혼자만 누리기란 거의 불가능하다.

나도 감사일기를 열정적으로 쓰던 때가 있었다. 돌아보니 몸도 마음도 가장 지쳐있을 때였다. 힘들 때 기도가 더 길어지고, 아플 때 글이 더 술술 나오는 것과 비슷하다. 지쳐서 정신 못 차릴 때 두 눈 부릅뜨고 '감사 거리'를 찾아보니 정말 삶의 주파수가 감사에 맞춰졌다. 억지로 웃어도 엔도르핀이 분비되는 것과 비슷한 효과일까?

20년 넘게 초등학교 교사로 일한 양경윤 씨는 감사일기 쓰기로 열정을 회복한 사람이다. 교사로, 엄마로 평범하게 살고 있었으나 어느 날 갑자기 삶의 위기가 찾아온다. 자녀 문제, 인간관계 문제, 심리적 불안함, 육체적 피로 등 여러 가지가 한꺼번에 겹친 것이다. 나쁜 일은 동시에 찾아오는, 인생의 묘한 장난질에 발이 걸려 넘어진 격. 현명한 그녀는 그 무렵부터 감사일기를 쓰기 시작했다. 불평불만은 부메랑처럼 돌아오고 아무리 구질구질 재미없어도 계속 살아내야 함을 알았기 때문이다.

감사일기의 효과는 실로 놀라웠다. 감정 기복이 큰 편이었는데 조절하는 법을 스스로 터득하게 됐고, 의욕과 자신감이 조금씩 살아났다. 자신이 변하자 딸과 남편, 친구들도 긍정적 영향을 받게 되었다. 내친김에 아예 이에 관한 책도 내고 감사일기 전도사로 맹활약까지 하게 됐다. '하루에 몇 줄 쓴다고 달라질까?'라는 의심을 하던 그녀가 '그 몇 줄'로 인생을 바꾼 것이다.

감사와 열정이 왜 한통속인지 이해가 안 간다고? 감사는 열심히 살아야 할 구실을 제공한다. 주어진 하루와 순간에 겸손해지며 아무렇게나 사는 것은 거대한 낭비이자 죄악이라는 생각마저 들게 한다. 당연히 매 순간 적극적이고 열정적일 수밖에 없다.

감사일기. 열정을 수혈받기엔 이만한 게 없다. 들이는 정성과 시간에 비해 지나치게 많은 것을 얻을 수 있다.

열등감을 극복하기 위해, 쓰다

나는(혹은 나만) 몰랐는데, 그의 글쓰기는 오래전부터 이미 유명했다. 진솔하고 유머러스한 글솜씨로 고정 팬도 꽤 많은 것 같다. 기생충학자로 유명한 서민 교수 이야기다.

그의 글쓰기는 열등감을 극복하기 위한 수단이었다. 사진만 봐서는 그저 평범한 중년 남자인데, 그는 오래전부터 심각한 외모 콤플렉스에 시달렸단다. 그 말을 들으니 '그 정도인가?' 다시 한번 쳐다보게 된다. 어쨌든 외모에 자신이 없으니 성격은 날로 소심해졌다. 못생겼다는 놀림을 어려서부터 너무 많이 받아서 무조건 유명해지겠다는 결심을 했다고 한다. 글쓰기는 유명해지기 위한 발판인 셈.(결국 그는 유명해졌다.) 그런 탓에 학창시절부터 이런저런 글들을 끄적였고, 서른 살에 소설을 출간하기에 이른다. 와우! 소설이라니. 소설을 썼다면 글쓰기에 있어 마침표 아닌가? 난이도 최상급, 끝판왕 아니냐 말이다. 그런데 재미있게도 그의 글쓰기 인생은 소설을 출간한 이후 시작된다.

첫 책, 그리고 연이은 몇 권의 책이 실패한 뒤 그는 절필을 선언한다. 자신의 글이 너무 창피하고 마음에 안 들었기 때문이다. 이후 서른에서 마흔까지 그의 말마따나 '지옥훈련'을 방불케 하는 글쓰기 특훈에 돌입한다. 훈련의 핵심은 '읽고, 읽고 또 읽은 뒤, 쓰고, 쓰고 또 쓰는 것'이었다. 그는 '글쓰기 능력이란 타고나는 것이 아닌 철저한 노력'이라고 말한다.

무려 10년간 글쓰기 훈련에 매진한 뒤 이제야 조금 만족스러운 글을 쓰게 되었다고 덧붙인다. 그래서 그는 결국 콤플렉스를 극복했을까? 이제는 그가 낸 책들이 줄줄이 베스트셀러가 되고 전국 여기저기에서 강연요청이 쇄도하니, 말하자면 엄청나게 유명해졌으니 목적을 달성하고도 남은 셈이다. 책에도 그의 얼굴이 크게 박힌 사진을 볼 수 있으니 그의 콤플렉스는 완전히 없어진 것 같다.

　본격적으로 글을 쓰기에 앞서 과연 나는 어떤 이유로 글쓰기를 시작하려는지 곰곰이 생각해보자. 그 해답을 들여다보는 시간 역시 글쓰기 과정에 포함된다. 나라는 사람의 속성에 대해 좀 더 이해하려는 시도, 그게 바로 글쓰기의 준비운동이기 때문이다.
　이 글을 거의 완성한 지금은 별이 총총히 내린 새벽 2시. 잠든 사람이 더 많을 시각이지만 지금도 누군가는 혼자만의 글쓰기로 삶을 위로하고 구원하고 있을 것이다.

언제나
목마른
창의적인 사람

아마도 루미의 시였지?

'봄이 벚꽃과 하는 행위를 너와 함께 하고 싶다'고 노래한 것이.

고은의 시집 『순간의 꽃』에는 이런 시구도 있다.

'4월 30일/ 저 서운산 연둣빛 좀 보아라/ 이런 날 무슨 사랑이겠느냐/ 무슨 미움이겠느냐.'

그 짧은 구절들을 읽으며 외마디 탄성이 흘러나왔다. 어떻게 이런 글이 가능할까 놀라웠다. 그것은 아마도 불교의 일부 큰스님들이 만나는 모든 사람, 사건, 사물을 화두로 삼고 살아간다는 삶의 자세와 일맥상통하지 않나 싶다. 한 마디로 맞닥뜨리는 모든 것에서 영감을 얻고, 지혜를 찾고, 인생을 보는 것이다.

세계적인 베스트셀러 작가 베르나르 베르베르의 창의력 제고법도 이와 비슷하다. 언젠가 고려대 특강을 통해 그가 밝힌 일상 속 창의력 향상법 가운데 눈에 띄는 것은 바로 '관찰'이었다. 그는 소설 『개미』를 쓰는 데 무려 12년이 걸렸다고 한다. 그 12년간 그는 개미를 관찰하고, 관찰하고, 또 관찰했는데, 나중에는 개미가 어떤 생각을 하고 움직이는지까지 보일 정도였다. 세상에서 가장 흔해빠진 것이 개미지만 오래 관찰하여 그 안에 넘치는 에너지와 생명력을 발견함으로써 소설 『개미』가 탄생한 것이다. 그는 아무리 하찮은 무엇이든 '자신만의 눈'으로 관찰을 거듭하면 영감을 얻을 수 있다고 말한다.

모든 사물을 붙잡는 글쓰기

21세기 최고의 인재는 단연 창의적인 인재다. 나는 감히 창의력이야말로 모든 발전의 원동력, 인간만이 가질 수 있는 최고의 재능이라고 생각한다. 내 아이에게 바라는 능력도 단연 창의력이 으뜸이다. 창의적이면 지루한 단순 노동도 예술로 승화시킬 수 있고, 창의적이면 바닥에서도 일어날 에너지를 발견할 수 있다고 여기기 때문이다. 창의성은 누구도 훔쳐갈 수 없는 최고의 자산이자 가치다. 인공지능도 인간만이 품을 수 있는 기발한 창의성에는 당하지 못할 것이다.

예술가들만 창의적이어야 하는 것은 아니다. 제조업에 종사하든 금융업에 종사하든 모든 사람에게는 창의력이 필요하다. 다르게 보는 힘, 발견하는 힘 말이다.

창의력은 그대로 개인의 에너지로 작용한다. 나를 바꾸고, 소속된 단체를 바꾸고, 결국 세상을 바꾸는 힘도 근원은 창의력이다. 스티브 잡스처럼 가공할 창의력을 지닌 슈퍼 인재는 아니더라도 지루한 일상과 불투명한 미래를 내 식대로 주무를 정도의 창의력은 필요하지 않겠는가? 모든 사람은, 모든 인생은 그래서 반드시 창의력을 필요로 한다.

나는 얼마나 창의적일까를 고민해본 적이 있는가? 없다면 진지하게 자신을 돌아봐야 한다. 아무리 해도 인생이 제자리걸음이라고 여긴다면 먼저 자신의 창의성부터 점검해보기를 바란다.

창의성이 하루아침에 생길 리는 없다. 그렇게 쉽게 얻어지는 것이라면 별 가치도 없을 것이다. 외국어처럼 배우고 익혀서 내 것으로 소화해야만 한다. 치밀한 전력과 프로세스를 통해 고정관념을 깨뜨리고 나만의 인사이트를 갖는 연습을 해야 한다.

모든 배움의 원리는 비슷할 것이다. 머리만 쓸 것이 아니라 몸도 함께 사용하여 체득하는 것. 그래서 배움에는 '미련함'이 되레 지름길이 된다. 잔꾀 안 부리고 우직하게 나아가는 사람이 결국 결승점에 도착한다.

창의력을 갖는 방법 역시 창의적으로 생각하면 무수히 많을 것이다. 거기에 활용할 수 있는 도구도 영화, 그림, 조각, 광고, 음악 등 매우 다양할 것이다. 여기서는 일단 '모든 사물을 붙잡는 글쓰기'를 통해 일상에서 창의력을 제고하는 가장 간단한 방법을 나누어보자.

통찰의 힘

모든 사물을 붙잡는 글쓰기의 핵심은 통찰의 힘을 갖는 것이다. 시간과 공간과 생각을 뒤집어 예리한 관찰력으로 나만의 것을 발견하는 게 목표다.

유홍준의 『나의 문화유산답사기』에는 다음과 같은 구절이 있다.

'사랑하면 알게 되고, 알게 되면 보이나니, 그때 보이는 것은 전과 같지 않으리라.'

아는 만큼 보이고, 이해하는 만큼 사랑하게 되고, 사랑하는 마음을 품으면 다시는 전과 같은 시각을 가질 수 없다는 의미다. 나로 말하자면 아이를 낳은 뒤 모든 사물과 사람이 다르게 보였다. 임신 막달에도 눈여겨보지 않았던 것들 - 침대 모서리, 책장 유리, 식탁 밑에 삐져나온 작은 못 같은 것들이 아이를 낳고 그 아이가 걸음마를 시작하자 전부 눈에 들어오기 시작했다. 아이가 있는 사람이라면 누구나 비슷한 경험을 할 것이다. 또한 전에는 관심 밖의 것들이 지금은 가슴 시리도록 아픈 내 일처럼 여겨지는 것도 있다. 내 아이와 비슷한 또래의 아픈 아이를 키우는 부모들, 경제적 궁핍 속에 아이를 양육하는 싱글맘들, 태어나자마자 베이비박스에 버려진 아기들. 분명 예전에도 존재했겠지만 내 눈에 보이지 않았으니 다른 세계의 일이었다. 새로운 눈을 떠 주변을 둘러보자 가려져 있던 것들이 모습을 드러냈다.

인간의 뇌는 모든 것을 자기 뜻대로 해석하고 일반화하는 버릇이 있다. 이를 '자기 조직화이론Theory of self-organization'이라고 한다. 내가 알고, 배우고, 보아온 세상과 인식의 틀만 유영하는 것이다. 많은 사람이 지루하고 불행한 삶을 꾸역꾸역 변화 없이 견뎌내는 것도 어쩌면 그 때문이 아닐까? 소설『설계자들』속 명대사처럼 우리는 저 황량한 세계 속에 홀로 던져지는 두려움을 견디는 것보다, 두려움의 크기만큼 넓고 깊게 번지는 외로움을 견디는 것보다 더럽고 역겨울지라도 자신이 발 디딘 땅에 익숙하기 때문에 오늘도 그냥 그렇게 살아간다. '깨뜨린다'는 것은 이다지도 어렵다. 그래서 무언가를 깨뜨리는지는 사람은 늘 소수 중의 소수다. 변화를 경험하는 사람도, 꿈을 이루는 사람도 그래서 늘 소수 중의 소수다.

독창적 발상법을 훈련하라

다시, 사물을 붙잡는 글쓰기로 돌아와보자. 대단하고 거창한 것이 아니다. 사과를 보고 만유인력의 법칙을 발견하거나 목욕탕에서 '유레카'를 외치자는 것이 아니다. 거대담론을 논하자는 것이 아니다. 일단은 평범하게 생각하는 습관을 탈피하는 것, 내 사고를 점검해보는 것이 목표다.

여기 책이 있다. 어느 집에서나 볼 수 있는 평범한 책. 이것을 통해 어떤 고정관념을 깨뜨릴 수 있을까? '아, 책이구나'가 아니라 '왜 모든 책은 직사각형일까? 단지 제조 단가 문제 때문일까? 어른 책도 둥글거나 세모

모양으로 만든다면?'이라고 생각을 확장할 수 있다. 화장실에 있는 변기와 세면대도 마찬가지다. 은은한 파스텔톤이나 잔잔한 꽃무늬가 그려진 것은 불가능할까? 나는 그런 생각을 종종 한다.

생각은 돈이 들지 않는다. 다른 각도에서 고민하는 힘을 길러주고 지적 호기심을 넓혀준다. 하루에 세 가지씩 주변의 평범한 사물들을 관찰해보자. 나만의 단어집을 마련해서 '아이디어 단어사전'을 스스로 기획, 편찬해보는 것도 좋다.

돈가스 – 이름부터 맛있는, 내 추억 속 첫 외식 아이템

노트북 – 네 속엔 '내'가 너무도 많구나!

영어 – 좋겠다 너는. 거의 모든 사람을 이겨서.

기차 – 터널 속에 가려져 있어도 언제나 달리고 있는 기차.

스마트폰 – 부르면 응답하는 핸드폰은 없을까? 혹은 그런 앱은?

사물이든 사람이나 사건이든 관계없다. 그 속에 깃든 나만의 이야기를 조곤조곤 풀어보는 것이 중요하다. 당연한 것 앞에서 정지 버튼을 누르고 한 번 더 살펴보는 성실함이 필요하다. 그리고 이 작업은 긴 시간과 노력을 요구하지 않아서 누구나 재미있게 시작할 수 있다. 기발한 생각을 도출하고, 나만의 글로 정리하는 과정에서 뜻하지 않은 기회와 미래를 발견할 수도 있다. '날개 없는 선풍기는 없을까?'라는 단순한 물음에서 비즈니

스 기회를 발견한 다이슨Dyson처럼 말이다.

살다 보면 역발상이 필요한 순간이 참 많다. 그렇지 않으면 견딜 수 없는 시간도 있다. 팍팍한 회사생활 속에서 바늘구멍만 한 재미를 찾는 것, 아픈 실연의 시간을 자기단련의 의미로 받아들이는 것, 돈 안 되는 비즈니스 모델에서 수익원을 창조하는 것. 모두 긍정적이며 능동적인 사고, 발상의 전환과 새로운 시각이 필요한 순간들이다.

한 코 한 코 인내심과 꾸준함으로 뜨개질을 하듯 나만의 사유로 새로운 세상의 판을 짜나가기를 바란다.

기왕이면 재미있고, 다양하게

쓰기 치료를 직접 경험하고 공부 중인 나는 이미 다양한 종류의 글쓰기를 시도해봤다. 안 그래도 백지를 마주하면 막막해지는데, 주제도 없이 떠들라고 멍석 깔아주면 더 뻣뻣해질 때가 있다. 매번 일기와 독서록만 쓰는 것도 너무 밋밋했다. 그래서 오래 고민했다. 어떻게 하면 좀 더 재미있으면서 좀 더 효과적인 쓰기 치료가 가능할까? 단돈 이천 원으로 '성장과 치유와 행복'이 가까워질 수는 없을까?

다양한 글쓰기 프로그램

아래는 그간 내 고민의 깊은 흔적이다. 안 그래도 부담되고 어려운데 매일 똑같은 종류의 글쓰기에 지겨워진 사람들은 나처럼 다양한 도전을 해보자. 자고로 무엇이든 재미있어야 오래 할 수 있다. 글쓰기가 조깅이나 캘리그라피 같은 취미생활이 되려면 즐거워야 한다. 천편일률적인 글쓰기 스타일에서 벗어나야 한다. 상상하는 무엇이든, 어떤 형태로든 써도 좋다. 여기 소개한 글쓰기 프로그램 외에도 평소 생각했던 것들을 자유롭게 적어 내려가보자.

1. 상상, 희망, 창의_ 내가 주인공이 되는 동화나 소설쓰기

먼저 동화나 소설 속 주인공을 떠올려보자. 지팡이로 하늘도 날고, 백만장자와 여행지에서 우연히 맞닥뜨리기도 한다. 유치하고 비현실적이다. 그렇기에 동화고 소설인 거다. 주인공이 매일 지옥철 타고 출근하여 주말도 자진반납 하고 연장근무 한다고 생각해보자. 그 책은 1쇄도 못 팔고 감쪽같이 사라질 것이다. 그래서 이 주제는 이루고 싶은 꿈에 대해 긍정적이고 희망차게 쓰는 것이 포인트다. 배경도 시대도 주변 인물도 직접 만드는 거다. 주인공의 파란만장한 모험담도, 무지갯빛 러브스토리도 내가 감독한다. 간디나 테레사 수녀가 등장해도 좋다. 키에누 리브스나 다니엘 헤니도 괜찮다. 소싯적에 문학소녀 아닌 사람 없다. 시인과 소설가를 꿈꾸던 학창시절로 돌아가 내가 주인공인 동화나 소설을 창작해보는 작업이다.

이 과정은 자신감을 회복시켜주고 일상의 생기를 불어넣는 데 효과적이다. 때로는 잊혔던 옛꿈이 떠오르기도 한다. 무엇이 됐든 내가 주인공으로 활약하는 소설 한 권쯤 갖고 있으면 즐겁지 아니한가?

2. 위로, 치유, 분출_ 공감형 독서감상문 쓰기

읽은 책에서 '나'를 찾는 것이다. 책을 읽고 그에 이입된 감정을 작성하면서 카타르시스를 분출시키는 것이다. 선뜻 이해가 잘 안 간다고? 구체적으로 설명하면 이렇다. 연이은 취업 실패로 이제는 면접장에서 말하는 자체가 두려워진 취준생 S 씨가 있다고 하자. 취업스트레스와 경제난으로 그는 현재 심한 대인기피증을 앓고 있다. 바야흐로 책이 필요한 순간이다. 이때 소설이나 에세이를 한 권 읽는다. 끌리는 제목대로 읽어도 좋고, 신문이나 인터넷에서 우연히 본 책을 집어 들어도 좋다. 책을 읽고 그 안에서 공감되는 감정이나 경험들을 발견한 뒤 나의 상황과 접목하여 독후감을 작성한다.

『그리스인 조르바』 속 조르바의 자유분방함, 그만의 명확한 행복의 기준을 배우고 싶다. 안정된 직장과 직업만이 성공한 삶이라 여기는 내게 글을 읽는 내내 조르바의 죽비소리가 들리는 듯했다.

전경린의 에세이 속 구절구절이 가슴을 친다. 내가 원한 것은 그것이 어떤 삶이든 마음을 다해 사는 삶이었다. 인생은 어찌해도 좋은 거야. 그 상황에 충실할 수만 있다면. 괴로움이든 기쁨이든, 밖에서든 안에서든, 높은 곳이든 낮은 곳이든, 뜨거운 곳이든 차가운 곳이든.

제대로 산다는 건 지금 자기에게 주어진 상황을 놓치지 않는 거야.

3. 인정, 지지, 회복 _ 자기수용문학, 내 삶의 자서전 쓰기

자고로 한 권의 소설, 한 편의 영화 아닌 인생 없다. 연대기별로 살아온 시간을 정리해보면 어떤 삶이든 뜨겁고, 눈물겹다. '나 참 모질게도 열심히 살아왔구나' 혹은 '나 그때 그 상황에서는 그 선택이 최선이었겠구나' 또는 '앞으로 남은 시간은 더 노력하여 완성도 높은 인생을 만들어보자'는 어떤 깨달음이 반드시 찾아온다.

내 삶을 처음부터 지금까지 정리하는 글쓰기는 자서전, 일명 자기수용문학이라고도 불린다. 말 그대로 있는 그대로의 나, 과거, 현재를 인정하고, 잊어버릴 것은 잊고, 받아들일 것은 받아들이면서 앞으로 나아갈 힘을 회복하는 것이다.

서른 몇 해 남짓의 짧은 생이지만 지금까지 살아온 날들을 기록해보며 나는 참 많이도 울었다. 억울해 죽을 것 같은 시간도 있었고, 못나고 못되게 살아온 날도 많았다. 엉엉 울다가 뒤통수가 뜨끔했다가 내가 가여웠다가 자랑스러웠다가 부끄러웠다가 대견했다가. 하여튼 내가 아는 모든 감정이 몸을 통과한 후에야 이 글쓰기가 대단원의 막을 내렸다.

글쓰기가 끝난 뒤 삶에 엄청난 변화가 찾아오지는 않았다. 그러나 무질서했던 감정이 제자리를 찾고, 절대 인정하기 싫었던 사건 하나를 고요히 받아들이게 됐다. 그것만으로도 이미 대단한 수확이다.

4. 객관화, 수용, 통제_ 다 인칭 글쓰기-1인칭 2인칭 3인칭

소설가들은 어떤 시점으로 글을 푸느냐에 따라 이야기 전개가 180도 달라진다는 것을 알고 있다. '나'가 이야기하느냐, '너'가 이야기하느냐, 아니면 전지전능한 '누군가'가 나를 바라보느냐에 따라 같은 사건이라도 다르게 채색된다.

그렇다면 내가 실제 겪은 어떤 사건을 다양한 관점에서 해석해보면 어떨까? '나'의 입장에서는 절대로 이해되지 않았던 것들이 '그' 혹은 '그녀'의 각도에서는 기본이고 상식이 될 수도 있다. 개인적으로 이 글쓰기를 통해 엄청난 내적 성장을 이루었다고 생각한다. 이것을 진행하며 누군가를 용서했고, 이해했으며, 결정에 앞서 내 생각이 기준이고 항상 옳다는 그릇된 판단을 유보할 수 있게 되었다.

5. 계획, 긍정, 발견_ 미래일기 쓰기 혹은 타임캡슐 만들기

나는 계획 세우기에 거의 중독된 사람이다. 단기, 중기, 장기 계획을 거미줄처럼 촘촘히 세워놓고 덜어내고 덧붙이는 과정에서 희열을 느낀다. 내게 계획 짜기는 일종의 유희다. '미래를 생각하면 너무 눈이 부셔서 눈이 멀어버릴 것 같다'던 오프라 윈프리의 외침이 조금은 이해가 된다. 미래를 계획할 때는 적어도 나의 한계나 단점, 현실의 어두움이나 당장의 고민이 사라진다. 그 자리에는 짧은 고비만 넘기면 내가 얻게 될 희망들,

기회들과 기쁨들이 대신한다.

일주일에 한 번쯤은 오늘이 아닌 내일의 나로서 미래 일기를 써보라.

2021년 9월 10일.

청담동에 새로운 매장을 오픈했다. 5년 전 아이를 낳고 내 아이에게 입히고 싶은 옷과 모자를 직접 디자인하여 블로그를 통해 조금씩 판매하던 것이 이렇게 성장한 것이다. 2021년 현재 매출 20억, 오늘로 3번째 오프라인 매장을 오픈하였으니 나는 지난 시절 꿈꾸던 모든 것을 다 가진 셈이다. 오늘 오전에는 평소 즐겨 읽는 경제월간지에서 '라이징 CEO' 인터뷰를 요청해왔다.

이 짜릿하고 흥미진진한 상상의 나래는 어쩌면 가장 진솔한 내면의 나를 끄집어내는 글쓰기인지 모른다. 은밀하게 숨겨놓은 나의 꿈, 부정적이고 소극적인 요소를 걷어내고 가능성과 긍정만 발견하는 대담한 작업이기 때문이다. 나 역시 남편도 모르게 가끔 미래 일기를 작성한다. 쓰다 보면 욕망이 지나쳐 한 발짝 선을 넘을 때도 있는데, 묘하게도 그럴 때 행복감과 짜릿함은 배가 된다.

쓰는 대로 이루어진다

나는 지나친 희망과 냉소 둘 다를 경계한다. 인생에 별 도움이 안 된다고 생각하기 때문이다. 언제나, 무엇이든 잘 될 것이라는 '캔디형' 마인드는 발전에서는 큰 도움이 못 된다. 때론 객관적이고 냉철하게 자기 자신과 상황을 분석할 수 있어야 하는데 지나친 긍정은 덫으로 작용하기 때문이다.

물론 냉소는 더 나쁘다. 20대 때는 삶에 냉소를 품은 시크한 이들이 쿨해 보였다. 하지만 그들은 사실 두려운 것이 아니었을까. 꿈과 희망을 품으면 실망하고 좌절할까봐 냉소주의라는 옷으로 자신을 감싸고 있는 게 아닐까? 왜냐하면 차가워지는 것은 뜨거움으로 사는 것보다 더 쉽기 때문이다. 포기하고, 단념하고, 실망하며 자기합리화하는 것은 희망을 품고, 노력하며, 연대하고, 자기 한계에 도전하는 것보다 훨씬 쉬운 일이다.

'쓰는 대로 이루어진다'라는 주제는 자칫 지나친 희망으로 비칠 수 있다. 노력하면 뭐든 이룰 수 있다는 검증 안 된 자기계발형 문구를 싫어하는 나는 이 장을 읽는 독자들에게 먼저 그 점을 알리고 싶다. 이것은 막연한 희망 고문이나 책임감 없는 성공멘트가 아니라고. '쓰는 대로 이루어진다'라는 것은 수고로움과 열정, 희망에 진실, 간절함, 인생에 대한 사랑을 덧칠하는 작업이라고 말이다. '무조건 쓰세요. 다 이루어져요'가 아니라 '당신 삶의 구석구석을 자세히 탐험하고, 두려움과 편견 때문에 도전하지 못한 일들을 종이와 펜이라는 마법을 빌려 용기 있게 쟁취하세요!'란 의미다.

자, 시작해볼까?

인생 만다라mandala를 준비하라!

미술 심리치료를 배우며 '만다라'라는 단어를 여러 차례 접했다. 만다라는 불교에서 발달한 상징적 그림의 하나로, 원형으로 배치된 그림 안에 우주의 진리와 본질을 표현한 것이다. 20세기 초에 정신의학자 칼 구스타프 융Carl Gustav Jung에 의해 내면세계를 인식하는 데 도움이 된다는 것이 밝혀졌다. 안정과 치유, 집중, 자아탐색 등 많은 영역에서 도움을 기대할 수 있다고 한다.

그런데 만다라는 전문가가 아니면 판독이 쉽지 않다. 색과 문양의 조합과 배치 등이 그림을 그리는 상황과 당사자에 따라 매우 다양하게 나타난다. 그렇다면 한눈에 알아볼 수 있는 만다라는 어떨까? 앞서 만다라가 평온함과 에너지, 무의식적 꿈과 희망의 메시지를 포함한다고 이야기했는데 노골적으로 이런 것들을 잔뜩 나열해서 지니고 다니면 어떨까? 네모난 종이에 '가능성의 것들'을 가득 채워보는 것이다.

글로 표현하는 인생 만다라를 작성하기에 앞서 다음 세 가지를 염두에 두자.

첫째, 서두르지 않는다

긴 인생을 통해 내가 이루고 싶은 꿈의 목록들을 신중하고 느리게 생각한다. 선한 의지와 진지한 열정으로 각각의 꿈들의 의미를 헤아리며 작성한다. 누군가는 하루가 걸리기도 하지만 누군가는 일 년이 걸릴 수도 있다.

둘째, 재단하지 않는다

나라는 사람의 가능성에 잣대를 들이대고 함부로 자르지 않는다. 또한 지나치게 늘리지도 않는다. 나는 이것을 잘하는 사람/못하는 사람, 이것을 할 자격이 있는 사람/없는 사람이라고 미리 판단하는 우를 범하지 않는다.

셋째, 억압하지 않는다

타인의 시선, 사회적 통용, 가족의 기대, 자신의 과거 등에서 벗어난다. 부정적 감정, 억압, 차단 등 내면의 빗장을 푼다.

꿈은 이렇게 작성하는 것이다. 병아리 눈물만큼의 노력으로도 이룰 수 있고, 가질 수 있는 것들의 목록은 별 의미가 없다. 자신을 속이며 보기 좋고 듣기 좋게 작성한 목록은 허상일 뿐이다.

일단은 평생 살면서 이루고 싶은 것들의 목록을 용기 있게 작성해보자. 그리고 '쓰는 대로 이루어질 것'이라는 믿음을 가지고 그것들이 현실이 되는 루트를 탐색하면 된다. 이 목록을 가지고 매일 들여다보는 것은 나의 한계와 무능을 뛰어넘으려는 노력의 출사표다. 더 좋은 나, 의미 있는 삶, 행복한 공동체를 추구하고자 하는 주술이다.

나는 매일 꿈을 점검한다

『파이브(5)』라는 책이 있다. 이 책의 부제는 '스탠포드는 왜 그들에게 5년 후 미래를 그리게 했는가?'이다. 스탠포드대학에서는 졸업하기 전 3, 4학년 학생들에게 기말고사 대신 자신의 5년 후를 그리게 하는 과제를 내준다고 한다. 그리고 이 수업을 들은 졸업생들은 단순히 자신의 5년 후의 모습 3가지를 그려본 것만으로도 졸업 후 삶을 설계하는 데 있어서 많

은 도움이 되었다며 후배들에게 이 수업을 적극 추천하기 시작했고, 현재

이 수업은 학생들이 졸업하기 전 가장 듣고 싶은 강의로 손꼽히고 있다.

책에 등장하는 질문들은 다음과 같다.

– 오늘이라는 출발점에 선 당신에게 5년의 시간이 주어진다면 무엇
을 할 것인가? 무엇을 하고 싶은가?

– 삶의 최고 가치를 선택하라

– 내 삶의 사명을 찾아라

– 삶의 각각의 영역에서 균형은 어떻게 만들어지는가?

– 만약 당신이 무조건 성공할 거라는 사실을 이미 알고 있다면, 어떤
일을 가장 먼저 시도해보고 싶은가?

– 당신에게 '예스'라고 말하는 사람은 누구인가?

– 자신이 얼마나 멋진 사람인지 알고 있는가?

– 오늘 하루 일탈할 수 있다면 무엇을 하고 싶은가?

– 노트를 꺼내 인류에게 도움을 줄 굉장한 아이디어를 적어보라.

– 당신의 남은 날을 계산해보라.

– 한번도 해본 적 없는 새로운 무언가를 시도했던 때를 기억하는가?
마지막으로 그런 것을 해본 적이 언제였던가?

– 당신은 어떻게 기억되고 싶은가?

토익과 각종 스펙 쌓기용 자격증 따기로 대학 시절을 보내는 한국의 대학생들에게 꼭 필요한 과제가 아닌가 싶다. 자신의 미래를 스스로 생각하고 판단하고 선택하게 만드는 질문들을 작성해봄으로써 진정 자신이 원하는 것과 현실적인 꿈을 연결할 수 있는 접점을 찾도록 만드는 것이다.

내 꿈의 목록에는 단순히 '10억을 갖는 것'이나 '제주도에 별장 사기'라고 쓰여 있지 않다. 좀 더 구체적이고, 다채롭고, 영적이며 담대하다. 하지만 꿈의 실현을 위한 도정은 매우 실제적이고 다양하게 구성해놓았다.

많은 것들 가운데 몇 가지를 공개하면 이렇다.

'프리랜서로 일하며 경제적 자유 얻기'란 꿈은 나만의 언어로 이렇게 표현했다.

'세계를 사무실 삼아 일하는 노마드 비즈니스족으로 살기. 노트북과 스마트폰만 있으면 카리브 해의 코발트 빛 바다 앞에서도, 홍콩의 달리는 지하철 안에서도, (가장 난이도 높은) 아이를 돌보면서도 업무가 가능한 작업환경 구축하기.'

그리고 하단에는 이를 위해 필요한 초기 구축자금, 인맥, 실현 가능한 기간과 구체적 행동방안 등을 작성해두었다.

'평생 학생으로 살기'라는 꿈도 있는데, 다음과 같이 작성했다.

'배움을 모토로 평생 책 쓰고, 기획하고, 칼럼 짓고, 번역하는 문화생산자 되기. 이를 위해 매일 최소한 한 시간 이상 읽고, 쓰고, 배우는 영원한

학생이자 배움 중독자로 살기.'

하단에는 영어, 프랑스어 등 배우고 싶은 외국어들과 아동심리학, 문화인류학, 한국사 등 학문분야들, 필요한 기간과 등록할 기관 등 실제적인 정보들이 적혀있다.

'행복한 라이프스타일 디자이너'라는 꿈에는 '요가와 명상을 생활화하고, 독서와 인터뷰로 영적 스승들을 만나며, 심플하고 건강한 삶을 추구하여 2030여성들의 롤모델 되기'라는 당찬 포부가 있다.

나는 하루도 빠짐없이 내 삶을 채울 이 '가능성의 것들'을 향유한다. 이미 이룬 것들은 파란색으로 표시하여 구분하고, 앞으로 이룰 것들은 천천히 읽고 음미하며 하루를 맞이한다. 꿈을 점검하는 것은 에너지 파장을 일으키는 일이다. 때로는 내가 쓴 목록을 가만히 읽는 것만으로 심장의 비트가 터질 듯 강렬해진다.

나는 '쓰는 대로 이루어진다'는 것을 이미 경험한 사람이다. 소설『연금술사』속 그 유명한 구절, "간절히 원하면 온 우주가 꿈의 실현을 돕는다"는 내 식대로 이렇게 변경해본다.

"종이 위에 적은 꿈의 목록은 강한 주문처럼 그곳으로 향하는 길을 내어준다. 다만 매일 그것을 점검하고, 최고이자 최선의 태도로 임한다면!"

남들 눈에 하찮아 보이는 꿈일지라도, 실현 불가능한 몽상 같아도 내 마음을 움직이고, 움켜쥘 자신이 있다면 작성하라. 현재 직업과 수입, 상황과 처지 등 '조건'을 떠올리며 글을 쓰면 선택의 폭이 너무 좁아져 계산적이고 현실적인 눈앞의 것만 생각하게 된다. 말하자면 꿈을 떠올리기보다 '해치워야 할 일 리스트'만 작성하다 만다. 이루어지든 아니든 일단은 그것을 쓰는 시간 내내 행복하니 크게 밑지는 장사는 아니다.

덧붙여, 현실 가능성을 높이고 싶다면 구체적인 행동방안과 '꿈의 목록'과 대비되는 '꿈 실패 목록'도 함께 작성하라. '꿈 실패 목록'은 플랜B를 말한다. 한쪽 길이 공사 중이면 다른 쪽 길로 우회할 수 있도록 예방책을 마련하는 것이다. 말 그대로 꿈에 실패했을 때 어떻게 대처할 것인지를 미리 고민하고 계획해두는 것이다.

꿈을 꾸는 것은 근사한 집을 짓는 일이다. 그리고 꿈의 목록이 늘어가는 것은 그 집에 아름다운 바깥세상을 볼 수 있는 맑은 창문을 하나둘 추가하는 일이다.

부디 이 글이 더 많은 이들의 꿈을 충동질할 수 있기를 바란다.

비	우	고		채	우	는		
8	가	지		마	음	의		기	술

I. 나만의 만트라를 작성한다

만트라mantra의 사전적 의미는 이렇다. 타자에게 은혜·축복을 주고, 자신의 몸을 보호하고 정신을 통일하고, 또는 깨달음의 지혜를 획득하기 위해서 외우는 신비한 위력을 가진 언사. 일명 자기 주문이다. 다른 말로 인생의 규율, 가치관, 행동요령 리스트라고도 할 수 있다. 나의 만트라는 다음과 같다.

나는 자신감이 성공을 만듦을 알고 있다.

나는 건강하고 아름다운 육체와 정신을 추구한다.

나는 평생 공부하고 도전하고 여행하고 사랑하며 산다.

오늘도 생각은 심플하게, 행동은 민첩하게, 그리하여 인생은 자유롭게!

지금 당장 나만의 만트라를 작성해보자. 어떤 인생을 살고 싶은지를 스스로 결정하는 것이다. 만트라를 외우며 시작하는 하루는 마음 깊은 곳으로 들어가 잠재된 무의식을 깨우는 것과 같다. 진심을 담아 만트라를 외우면 설명할 수 없는 불가사의한 힘이 온몸에 가득 차는 것을 느낀다.

2. 몸과 마음을 정돈, 명상

깊은 숲속에서 가부좌 틀고 앉아야만 명상이 아니다. 이 닦으면서도, 빨래 널면서도 가능한 게 명상이라는 것이 평소 나의 지론! 물론 효과를 제대로 누리기 위해서는 단 5분이라도 조용한 공간에서 숨을 고를 것을 권한다. 이것은 세상이라는 전쟁터로 나가기 위해 마음을 리셋 하는 신성한 시간이다. 침묵과 기도의 시간이다. 명상은 가장 조용하지만 가장 큰 목소리를 낼 수 있게 도와주는 의식이다. 명상이 집중력 향상, 두통, 근육통 완화 등 육체건강 및 창의력과 업무효율 증진에 효과적임은 이미 여러 실험을 통해 입증됐다.

3. 손편지는 최고의 소통전략

한 달에 두 번, 사랑하는 사람에게 손편지를 써볼 것을 권한다. 우리 인생은 무수한 관계들로 이루어져 있다. 어쩌면 관계가 전부다. 사랑하고 사랑받고, 나누고 도우며 사는 '관계' 속의 시간이 곧 인생이다.

지금처럼 모든 것이 기계를 거치는 시대에는 정반대의 것에 마음이 움직이게 마련이다. SNS나 이메일의 편리함도 사람 손이 전하는 감동을 대신할 수는 없다. 나는 며칠 전 시아버지께 처음으로 손편지를 써봤다. 그리고 그 어떤 것보다 최고의 선물이라는 행복한 답을 들었다.

4. 대신 울어주는 책 읽기

시인이란 울 수 없는 자들을 위해 대신 울어주는 사람이라고 한다. 책도 마찬가지다. 모든 도서관은 영혼을 치유하는 안식처이고, 모든 책은(물론 좋은 책) 훌륭한 치료사다. 때론 사람에게 기대어 우는 일보다 책과 함께 울 때 더 큰 위로를 느낀다. 책은 비밀을 지켜주고, 무조건 경청해주며, 섬세한 공감과 위로를 건네주기 때문이다.

가톨릭 신자들의 손목에 감긴 묵주처럼 나를 위해 울어주는 책을 몸에 지니고 다니면 좋겠다. 언제든 함께하며 평화와 지혜로 이끌어줄 테니까.

5. 고독해지는 연습

최근 트렌드는 단연 '고독'이다. 외로워지는 연습, 고독과의 동행. 얼마 전 1인 가구가 우리나라 전체 가구의 34%를 차지한다는 뉴스를 봤다. 이제 1인 가구는 대한민국에서 가장 흔한 가구의 형태로 자리매김했다. 앞으로 우리

딸이 어른이 된 세상은 더할 것이다. 혼자라고 그 사람을 외로운 사람이라 취급하는 인식 자체가 사라질 것이다. 왜냐고? 주변 대부분의 사람이 혼자니까. 그러자고 고독해지는 연습을 미리 하자는 것은 물론 아니다. 겪어본 사람은 알겠지만 고독은 여러모로 참 대단한 녀석이다. 혼자서 열일 하는 기특한 녀석이다. 고독한 사람은 약하고 소심한 사람 같겠지만, 그 반대다. 강하고 견고한 자들은 고독하다. 혼자의 시간에 비축 가능한 무시무시한 힘을 알기 때문이다. 단 6개월만이라도 매일 한 시간가량 '혼자 생각하는 연습'을 한다면 인생은 절대 이전과 같은 모양을 띨 수 없을 것이다.

6. 혼자만의 여행

결혼 7년 차에 접어든 지인이 어느 날 남편과 아이에게 선전포고를 했단다.

"올해부터 엄마는 일 년에 한 번씩 혼자 여행을 떠날 거야."

물론 남편도 아이도 귓등으로 들었다. 음, 네 깜냥에? 남편은 그런 비슷한 눈빛도 보냈다. 그런데 용감한 그 언니, 정말 1년에 한 번씩 자신을 위한 여행을 떠났다. 2박 3일 제주도, 1박 2일 정동진, 당일치기 군산여행까지. 장기 유럽여행이나 화려한 크루즈여행 같은 건 아니지만 나는 언니의 여행이 세상 그 어떤 여행보다 근사해 보였다.

짧은 시간에 대단한 추억과 경험을 쌓지는 못했을 것이다. 하지만 자신을 좀 더 사랑하는 시간이 되었으리란 건 확신한다. 혼자 제대로 노는 방법 한 가지를 추가한 셈이기도 하다. 집 안의 안락한 소파에서는 낼 수 없던 용기나 영감이 거리의 뙤약볕이나 공항 대기실에서 샘솟기도 한다. 사람들은 그래서 모험을 하는 것 아닐까?

7. 지갑 속 행복 카드

햇살, 마시멜로, 버블티, 한강, 소설책, 안개꽃, 그린티라테…

지갑 속에 떠올리기만 해도 행복해지는 단어들을 적은 카드를 넣고 다닌다. 감동이나 자극을 주는 책 속 문구나 명언을 적어도 좋다. 마음을 움직이는 '한 줄'을 지니며 흔들릴 때마다 꺼내서 보는 것이다. 면접을 앞두거나 회사 미팅을 진행할 때, 시험결과를 확인하기 전이나 결정적인 선택의 순간 등등. 우리에게는 비타민 혹은 청심환 같은 한 줄이 필요할 때가 많다. 집을 나서기 전 오늘 필요한 한 줄을 지갑에 지니고 나가는 것이다.

8. 간소한 물건, 버리며 채우기

미니멀라이프, 심플라이프가 대세다. 더 크게 욕망하고, 더 많이 소유하는 삶은 이제 철 지난 유행이 되었다. 자고로 비우며 채우는 삶이 각광받는 시대가 부상했다. 근사한 트렌드라고 생각한다. 실제로 미니멀리스트를 실천한 사람들의 말에 따르면 삶을 영위하는 데 필요한 물건의 개수는 그리 많지 않다. 그들은 버릴수록 편안해졌으며, 비울수록 채워졌다는 역설을 이야기한다. 궁극의 미니멀리스트가 되지는 못할지라도 나를 옭아매는 것들로부터 좀 더 자유로워지는 미니멀리즘은 가능하지 않겠는가? 미니멀리즘은 느리고 단순한 삶, 오래되고 고요한 삶과도 연관이 있다. 글쓰기와 똑 닮았다.

글쓰기가 필요하지 않은 인생은 없다

마르크스가 이상적이라고 생각한 사회는 다음과 같았다.

"오늘 한 가지 일을 하고 내일은 다른 일을 하는 것이 가능한 세상. 아침에는 사냥하고 저녁에는 소를 사육하고, 저녁 식사를 한 뒤에는 비평을 할 수 있는 세상."

우리가 이런 세상에 살고 있는지 아닌지는 모르겠다. 이런 세상이 올지 안 올지도 모르겠지만 만약 우리에게 퇴근 후, 혹은 아이를 재우고 난 오후 시간, 또는 나른한 주말 아침 자신을 위한 글, 세상을 향한 글을 쓰는 시간을 스스로 선물한다면 그것은 정말이지 이상적인 삶이 아닐까 싶다.

글쓰기는 작가나 언론인들만의 전유물이 아니다. 인생의 한순간, 그러니까 대학 시설 리포트나 직장생활에서의 보고서 작성 등 반짝하는 순간에만 필요한 것도 아니다. 평생을 함께하며 나의 희로애락을, 성공과 좌절을 지켜볼 산 증인이다. 모든 순간에 등장하여 위로하고 응원하며, 쓴소리도 마다치 않고 질책도 기꺼이 할 동반자, 삶의 연인, 나의 분신이다.

글쓰기가 필요하지 않은 인생은 없다. 시간이 갈수록, 나이를 먹을수록 나는 종교처럼 그런 확신을 한다. 왜냐하면 살아있는 한 우리는 모두 더 나은 내일을 꿈꾸기 때문이다. 성장하고, 행복하고, 상처를 치유하며 나아가기를 갈구하기 때문이다. 성장하길 마다하는 사람은 없고, 행복하길 거부할 사람도 없을 것이다. 또한 상처 없는 사람도 나는 보지 못했다. 따라서 글쓰기는 평범하지만 특별한 모든 주인공에게 가장 알맞은 도구다. 이상적인 삶을 위한 최상의 자원이다.

토마스 만Thomas Mann의 『마의 산 (Der)Zauberberg』에는 다음과 같은 구절이 등장한다.

"우리는 생활에 새롭고 다른 습관을 삽입하는 것이, 생명을 연장시키고, 시간 감각을 신선하게 하며, 시간 체험을 젊고 강하게, 혹은 천천히 가게 하며, 따라서 생활 감정 자체를 젊게 하는 유일한 수단이라는 것을 알고 있다."

지금 이 글을 읽는 당신의 생활에 새롭고 다른 습관은 무엇인가? 생명을 연장시키며, 시간 감각을 강하게, 혹은 천천히 가게 만들기가 가능한 습관. 나는 글쓰기 습관이 그것을 가능하게 한다고 생각한다. 우리는 그냥저냥 살 게 아니니까. 하루 이틀 살다 갈 것도 아니니까. 과거를 돌아보고 미래를 조망하는 틈틈이 현재를 즐기며 살 것이니까 말이다. 묵은 감정과 상처에서 벗어나고, 구체적인 삶의 기술과 지혜를 날마다 익히며 살 것이니까 말이다. 글쓰기는 정신과 역량을 풍요롭게 일구며, 토마스 만의 글처럼 생활 감정 자체를 젊게 하는 유일한 수단이다.

오랜 시간 글을 쓰며 내면을 다스려온 나는 앞으로도 삶에 닥칠 크고 작은 절망들, 스스로에 대한 실망과 운명의 장난, 심지어 고독과 필연적으로 싸우게 될 노년의 삶도 크게 두렵지 않다. 아마도 그 모든 순간에 글을 쓰는 내 모습이 그려지기 때문일까? 글을 쓰며 트라우마를 치유하고, 미래를 계획하며 나를 완성해갈 하루들이 선명하게 보이기 때문이리라.

나는 더 많은 사람이 글쓰기라는 감정의 방패를 가지고 살길 바란다. 그렇다면 우리 사회는 지금보다 훨씬 덜 아프고, 더 단단해질 것이다. 남들 눈에 그럴듯한 게 아니라 내가 진짜 원하는 삶을 모색하는 게 가능해지며, 좀 더 수월하게 각자의 소망들을 점검하고, 이루며 살 수 있게 된다.

다시 한번 말하지만 글쓰기가 필요하지 않은 인생은 없다. 진솔한 글쓰기를 통해 자신을 더 잘 이해하고 남김없이 사용하여, 진짜 삶의 주인공으로 우뚝 서게 되기를 바란다.

하루에 하나, 나를 치유하고 단단하게 만드는 글쓰기 테라피

글쓰기가 필요하지 않은 인생은 없다

초판 1쇄 발행 2017년 2월 13일
초판 6쇄 발행 2021년 4월 30일

지은이 김애리
펴낸이 민혜영
펴낸곳 (주)카시오페아 출판사
주소 서울시 마포구 월드컵로 14길 56, 2층
전화 02-303-5580 | **팩스** 02-2179-8768
홈페이지 www.cassiopeiabook.com | **전자우편** editor@cassiopeiabook.com
출판등록 2012년 12월 27일 제2014-000277호
편집 최유진, 위유나, 진다영 | **디자인** 고광표, 최예슬 | **마케팅** 허경아, 김철, 홍수연
외주편집 이현령
외주디자인 김진디자인

ISBN 979-11-85952-67-3 03190
이 도서의 국립중앙도서관 출판시도서목록 CIP 은 서지정보유통지원시스템 홈페이지 http://seoji.nl.go.kr 와
국가자료공동목록시스템 http://www.nl.go.kr/kolisnet 에서 이용하실 수 있습니다.
CIP제어번호: CIP2017001666